参加による自治と創造

新・地域社会論

内田和浩

日本経済評論社

はしがき

　本著は，筆者が北海学園大学経済学部で2008年度から担当している専門科目「地域社会論Ⅰ」のテキストとして作成したものであり，2018年度までの11年間，毎年1部2部あわせて500人を超える学生たちへ向けて話してきた講義レジュメと，学生たちとのやり取りの中から筆者自身が学んできたことをまとめたものである．

　2008年度から2009年度までは，高橋勇悦・大坪省三編著『社会変動と地域社会の展開〈第二版〉』（学文社，2007）をテキストとして使用した．そして，2010年度から2017年度までは，森岡清志編著『地域の社会学』（有斐閣アルマ，2008）をテキストとして使用してきた．したがって，筆者の講義では，これらの文献からテーマ設定や内容の紹介等，その多くを学びながら半期15回の講義レジュメをつくってきた．そして，2018年度はテキストを指定せず，上記2冊と大久保武・中西典子編著『地域社会へのまなざし』（文化書房博文社，2006）を参考文献とし，筆者自身のオリジナル部分を増やしながら，講義を展開してきたのである．

　したがって，本著の各章にはそのタイトルを含めて，上記文献，特に『地域の社会学』を参考にした内容が多いはずである．それは，筆者自身がこの文献から学ぶべき点が多かったからであり，同文献が地域社会学の入門書として優れていたからだといえる．編著者である森岡清志先生をはじめ，著者の皆様へ心よりお礼を述べたい．

　筆者は，地域社会学の分野では「遅れてきた新人」である．なぜなら，学部（中央大学文学部）でこそ社会学を専攻し，地域社会学ゼミ（故・島崎稔教授）に所属して卒論も書いた．しかし，社会教育主事課程と掛け持ちであり，その後神奈川県相模原市で社会教育主事となったという経歴から，大学

院（北海道大学）では社会教育学を専攻した．その後の大学教員としての経歴も，北星学園女子短期大学を経て前任の北海道教育大学では社会教育主事資格関連の科目を担当していた．したがって，地域社会論を担当するのは，2008 年に北海学園大学に来てからであり，経済学部地域経済学科と社会教育主事課程との掛け持ちでの担当である．地域社会学会への入会も 2008 年からであった．

　そんな筆者が，学部時代に学んだことを思い出しながら，そして自分自身のライフヒストリーの中での地域社会の変貌をたどりながら，さらにこれまで積み上げてきた北海道内各地でのフィールド研究の成果を振り返りながら，11 年間学生たちと学んできたのである．

　本著のタイトルは，「参加による自治と創造：新・地域社会論」とした．
　ここで言う「参加による自治と創造」とは，学部時代の社会教育主事課程での恩師である島田修一教授（現・中央大学名誉教授）が，地域社会における総合的社会教育施設である公民館の原理・原則として定義してきた言葉であり，筆者自身がかつて神奈川県相模原市の公民館職員として実践してきた言葉である．
　それは，①公民館の運営・活動の主体は地域住民自身である．②そのことを前提に，地域住民相互の自治によって公民館は運営され公民館活動が行われる．③そのことを通じて，公民館，地域社会を創造していく，という意味である．そして，公民館職員の役割は地域住民の学習活動を支えることにあるのだ．
　筆者は，2008 年度から地域社会論Ⅰの講義を始めてから，社会教育主事課程の講義・演習と並行して関連させながら，改めて地域社会学の文献に触れるようになった．まさに「遅れてきた新人」だったのである．その中で，一番強く感じたのは，現代における地域社会とは「あるもの，用意されたもの」ではなく，そこに生活している住民一人ひとりの主体的な参加によって，住民同士が相互に関わりながら，合意形成をしつつ自治的に創っていくもの

なのだ，ということである．まさにそれは，「参加による自治と創造」そのものであった．したがって，本著を貫く基本的な考え方として，このタイトルを掲げることにした．

　本著では，まず近代化・都市化等による地域社会の変容，およびその後のグローバリゼーション化等にともなう社会変動，それらによって，地域社会の構造はどのように変化し，どのような実態になっているのかを明らかにするため，「第1部　地域社会の構造」として，第1章から第5章および補章1を設けた．そして，近年の阪神淡路大震災および東日本大震災等によって，地域社会の重要性が見直され，地域社会の課題を克服していくための政策はどのように進められてきたのかを明らかにするため，「第2部　地域社会の政策」として，第6章から第10章および補章2を設けた．さらに，その政策を実行して地域を創っていく主体はどんな人たちかを明らかにするため，「第3部　地域を創る主体」として第11章，第12章および補章3を設けた．最後に，「終章　参加による自治と創造の地域社会」では，全体の総括を行った．

　なお，読みやすくするため注記は付さず，必要な箇所については著者名を示し，章ごとに文末に参考文献として掲載した．また各部のテーマを補完するために補章を設け，補章以外の各章には文末に「今日の課題」として，学生たちの復習課題を示した．

　人口減少が加速し，「消滅可能性」が叫ばれている今日．本著で学ぶ学生たち一人ひとりが，「参加による自治と創造」の担い手に成長していく一助になれば幸いである．

目次

はしがき ... iii

序　章　地域・地域社会へのアプローチ ... 1

    1.　「地域」のイメージ　1
    2.　「地域」「地域社会」との出会い　2
    3.　「地域」との関わりが縮小していく現代　4
    4.　なぜ今,「地域」が重要なのか　5

第1部　地域社会の構造

第1章　地域社会とは何か ... 11

    1.　原型としての地域社会　11
    2.　社会学における地域社会概念　12
    3.　コミュニティと地域社会　14
    4.　森岡清志による分析概念としての地域社会の概念　15
    5.　基礎自治体を核とした地域社会の新たな概念　17

第2章　地域社会の変貌 ... 21

    1.　村落共同体は,いつから始まったのか　21
    2.　近代化の流れ　21
    3.　民主化,産業化,都市化　23
    4.　現代社会と地域社会　25

第3章 地域社会の制度と組織 …………………………………………… 29

1. 地域社会には土地と空間がある　29
2. 地域社会と国・自治体の関与　30
3. 人と地域との関わり・組織・制度・ネットワーク　32
4. 人と制度をつなぐ基礎自治体への期待　36

第4章 地域社会と社会調査 ………………………………………………… 39

1. 地域社会を知るために　39
2. 地域社会調査（社会調査としての地域調査）の実際　46
　(1) 社会調査の種類と方法——量的調査と質的調査／(2) 地域調査とは
3. まちづくりと地域調査学習：「地元学」のすすめ　48

第5章 なぜ，地域が大切なのか ………………………………………… 51

1. 地域が見直される理由　51
2. 地域における「安心・安全」　51
3. 地域における高齢者の「生涯現役」　53
4. 「地方消滅」と持続可能性　55
5. 「現代的地域共同体」としての地域社会　56

補章1　戦後の地域社会の変貌―北海道羽幌町の公民館史から― ………… 59

1. はじめに　59
2. 北海道羽幌町の概要と公民館の歩み　60
　(1) 羽幌町の概要／(2) 羽幌町公民館の主な変遷／(3) 分館活動と「走る公民館いずみ号」の活躍／(4) 急激な人口減による地域社会の変貌と分館の廃止
3. まとめ　74

第2部　地域社会と政策

第6章　地域社会と子育て支援 …………………………………… 79
1. 地域社会の政策とは　79
2. 子育てと地域社会　79
   (1) 高度経済成長による子育て環境の変化／(2) 家族の変質とその後の子育て環境の変化／(3) 子育て環境の変革と子育て支援政策
3. 子育て支援政策とは　83
4. 子育てサークルから子育てネットワークへ：子育てネットワークは発展する　84

第7章　地域社会と学校 ………………………………………………… 89
1. 学校と地域社会　89
   (1) 共同体の持つ教育機能と近代公教育制度／(2) 戦後日本の教育改革と教育委員会制度／(3) 学校はいま
2. 地域社会と学校をめぐる政策　93

第8章　地域社会と超高齢社会 ……………………………………… 97
1. 高齢化と地域社会　97
2. 「限界集落」・「買物難民」が問いかけていること　99
3. 地域福祉（超高齢社会）と地域社会をめぐる政策　101
4. 地域福祉としてのボランティア活動，そしてコミュニティビジネスへ　102

第9章　地域社会と多文化共生 ……………………………………… 105
1. エスニック集団と地域社会　105
   (1) エスニック集団とは何か／(2) ニューカマーの増加／(3) エス

　　　　　ニック・コミュニティとその可能性
　　　2．エスニック・コミュニティの類型　109
　　　3．地域社会と多文化共生をめぐる政策　110

第10章　地域社会とまちづくり……………………………………… 115

　　　1．まちづくりとは　115
　　　2．自営業者・商店街と地域社会　115
　　　（1）自営業者と商店街／(2) まちづくりのリーダーとしての自営業者
　　　3．法律で定められた地域社会＝市町村（基礎自治体）　118
　　　4．商店街と地域社会をめぐる政策　120
　　　5．自治体をめぐる政策　121

補章2　地域社会と公民館－北海道士別市を事例に－ ……………… 125

　　　1．はじめに：士別市の概要　125
　　　2．現在の士別市公民館体制　126
　　　3．昭和の大合併前の各町村の公民館（～1954年6月まで）　127
　　　4．士別市としての公民館の変遷
　　　　（1954年7月～2005年8月まで）　135
　　　5．旧・朝日町の公民館の変遷（～2005年8月まで）　138
　　　6．「平成の大合併」後の士別市公民館の変遷
　　　　（2005年9月～2011年12月まで）　139
　　　7．士別市における公民館政策の現状と課題　140
　　　8．おわりに　142

第3部　地域を創る主体

第11章　女性が変わると地域が変わる　147

1. 地域を創る主体とは誰か　147
2. なぜ女性は地域参加するのか　148
3. 女性の社会参加の変遷　149
4. "女性が変わると地域が変わる"とは　150

第12章　「新しい公共」の担い手たち　153

1. はじめに　153
2. コミュニティ行政の限界と成果　154
3. ボランティアとNPO　155
4. 「新しい公共」の担い手たち　157

補章3　転勤族は地域を創る主体になれるか　161

1. はじめに　161
2. 留萌市の歴史と概要　161
3. 「人口ビジョン」と「総合戦略」に見る留萌市の地域創生政策　163
4. 転勤族から見た留萌市の課題
　　：アンケート調査結果から見る　167
5. まちづくりに果たす転勤族の役割　177
　(1) 複合的な産業の創出によって新しい雇用を生み出す／(2) 今ある学校をなくさない！／(3) 「都市」としての強みを生かす——ここに転勤族の役割がある
6. おわりに　182

終　章　参加による自治と創造の地域社会……………………………… 185

 1.　本著のまとめ　185

 2.　「参加による自治と創造」のすすめ　187

 3.　もっと深く学びたい人のために　190

あとがき　193

索引　195

序章
地域・地域社会へのアプローチ

1.「地域」のイメージ

　筆者の地域社会論Ⅰの講義では，最初の講義（第1講目はガイダンスであるが，その後短めの講義をしている）で，いつも学生たちに「地域」のイメージを訊ねている．たとえば，「次の言葉を聞いて，『地域』だとイメージしますか」と，問うことにしている．

　いつも多くの学生の支持を受けるのは，○○市や○○町等，自分が暮らしている基礎自治体の名前である．次に多いのは，いわゆる地区名である．たとえば，北海学園大学のある豊平地区であったり，隣の月寒地区であったり，札幌市ではこれらはまちづくりセンターの名称として認識されている．地方出身の学生なら，小学校や中学校の名前や旧町村名が地区名であるかもしれない．

　一方，北海道（都道府県名）となると広すぎるのか，「地域」のイメージにはならないようであり，せいぜい北海道内14の旧支庁（現・振興局）管内が最大である．しかしその後，筆者から日本や東アジア，アジアやユーラシア等，これらも「地域」である捉え方を紹介すると，学生たちは「地域」とは何を指すのか混乱していく．「地域」とは，多義的で多様な言葉なのである．したがって，まずは本講義での地域・地域社会を定義していかなければならない．

2.「地域」「地域社会」との出会い

　筆者が「地域」というものを明確に意識したのは，小学校1年生の頃（1967年）だったと思う．もちろん，それは学問的意味の地域や地域社会のことではなく，小学校に通い始めて実感した，筆者にとっての実態としての「地域」である．

　当時筆者は，北海道苫小牧市に住んでいた．電力会社の変電所に勤務する父と母，祖母，兄と私の5人家族は社宅で暮らしていた．その社宅のすぐ東側に少し大きめの川が流れていて，その川から西側に住んでいる小学生はいつもバスで通学しており，筆者と同じ小学校1年生は6人いた．そして，6人が住む「地域」は住所の地名の最初に「字」という文字が付いていたが，他の川の東側に住む同級生たちの住所の地名の後には「町」が付いていた．毎年7月に行われた市内の樽前山神社の例祭では，「町」の付いた「地域」に住む同級生たちは，町内会の子ども神輿を担いでいたが，6人はその神輿を担ぐことができなかった．しかし，夏休みのある日，西側の「地域」にある小さな神社で開かれたお祭りの子ども相撲大会は，6人が主役だった．

　このような6人が住む「地域」のことを当時は「部落」と呼んでいたが，それは戦後開拓された「開拓部落」のことであり，社宅に住んでいた筆者以外の5人の同級生の家は，すべて「開拓農家」だった．

　その時，筆者が意識した「地域」とは，いつも遊んでいる小さな公園があり，10数軒の家族ぐるみの付き合いがあった人たちが住む社宅があった一番小さな「地域」で，6人の同級生が住む川から西側の「部落」が次に小さな「地域」，そして一番大きな「地域」が小学校の同級生たちが住む東側を含む小学校区という名の「地域」であった．そんなふうに，小学校1年生だった筆者には，3つの「地域」が重層的に自覚されていったのである．

　そこは，区域（area）・範域としての「地域」であり，一定範囲の空間であった．また，そこには限定的な空間を通じての人と人との関係があり，そ

の社会関係が生み出す活動があり，それが「地域社会」であった．

　つまり，筆者が感じた一番小さな「地域」には，家族とその家族同士のつながり（ここでは社宅という）としての関係・活動の「地域社会」があり，次に小さな「地域」には，生産活動（ここでは農業）を基本として，神社のお祭りや日常生活（一緒に通学する等）によるつながりとしての関係・活動の「地域社会」があり，一番大きな「地域」には同じ小学校に通学することによるつながりとしての関係・活動の「地域社会」があった．それは，居住を軸として拡がる社会関係・社会活動であり，そこにはそれぞれの「地域社会」への帰属意識や愛着，そして誇りがあったと感じている．

　このように，1960年代に北海道苫小牧市で暮らした筆者にとって，「地域」とは小学生としての生活に必要不可欠な空間であり，そこに重層的な「地域社会」があった．そこでは，ラジオ体操やスケートリンクの整備，お祭りの準備や通学路の安全管理等をしてくれるおじさん，おばさんたちがおり，まさに共同活動の成果として「地域づくり」が行われていたのだ．

　しかし，そのような「地域」の存在や「地域社会」との関係も，長くは続かなかった．

　筆者が小学校2年生になると，「部落」と呼ばれた牧歌的な「地域」「地域社会」は様子を一変させた．そこに，何百人何千人という人々が暮らす団地が造成されたのである．1年生の時3クラスだった小学校は，2年生の4月に4クラスとなったが，すぐ5月には5クラスになった．5年生の時には8クラスとなり，グラウンドにプレハブ校舎が建つようになっていった．そして，6年生の時には（筆者は父の転勤で市内の別の小学校に転校したが）「部落」と呼ばれた「地域」のど真ん中に新しい小学校が開校し，地名も「字」が取れて聞きなれない「○○町」へと改名されたのだった．

　まさに筆者は，1960年代から70年代における急激な「地域」「地域社会」の変貌を目の当たりにしながら，子ども時代を過ごしていたのであった．

3. 「地域」との関わりが縮小していく現代

では，今この本を読んでいる皆さんは，筆者の子ども時代のような「地域」への気づきを経験してきただろうか．

多くの人々が，21世紀の今日，都市で生活している．都市生活は，人と人とのつながりが無くても生活することが可能であり，「関係ない」「関心がない」という関係が一般化している．したがって，筆者のような「地域」への気づきを経験することは難しい．

たとえば，ある独身で一人暮らしのサラリーマンの1日の生活を想像してみよう．

朝起床して，昨夜コンビニで買ってきたパンと牛乳を飲み会社へ出勤．ワンルームマンションの自宅から地下鉄駅まで徒歩5分．会社も地下鉄駅から徒歩3分の地下直結のビルの中．昼食も夕食も職場付近で済ませ，残業した後は地下鉄に乗り，途中でコンビニに寄って帰宅．テレビを見た後，就寝．

極端な例かもしれないが，このような生活の中から「地域」との関係を見出すことができるだろうか．彼にとって，「地域」とは「寝に帰るための家（部屋）がある場所」でしかなく，社会関係も社会活動も見えてこない．「地域社会」が存在していないのだ．

では，なぜこのように「地域」と関係のない生活が可能なのであろうか．

それは，先に述べたように「都市生活は，人と人とのつながりが無くても生活することが可能」だからである．では，都市生活とはどんな生活なのだろうか．

かつての「地域」では，その空間に暮らす人々の共同活動の成果として，社会関係・社会活動が拡がり，「地域社会」が形成されており，日常的に「地域づくり」が行われていた．具体的にイメージしてみよう．たとえば，水を飲んだり料理をしたり洗濯をしたりするための井戸がある．その井戸を地域全体で管理しながら，共同で利用している様子をイメージしてみよう．

井戸の周りでお母さん方が，井戸端会議をしながら楽しそうに洗濯している情景が浮かぶだろう．

しかし，都市生活においてはこのような住民の共同活動は縮小され，そこで発生する生活課題は行政や市場が提供する専門的サービスによって処理される原則になっている．したがって，上記のサラリーマンが出す生活ゴミは，当該曜日にマンション内のゴミステーションに出すことで処理され，電気・ガス・水道等のライフラインも企業や行政サービスによって提供されている．

このような住民の共同活動の縮小は，「家族の構成的変化」によって生じたものとされている．日本の家族は，「家父長制」としての「家」中心から第二次世界大戦を経て戦後の高度成長期から1980年代にかけて「核家族」という「夫婦と未婚の子ども世帯」中心になっていった．しかし，80年代後半以降はこのような「夫婦と未婚の子ども世帯」も減少していき，「夫婦のみの世帯」か「一人世帯」が増大し，すでに「核家族化」という言葉は死語となったとも言われている．このような「核家族化」の進展が「家」と「地域」とのつながり方を変化させ，「核家族」によって構成される都市において発生する生活課題は，行政や市場が提供する専門的サービスによって処理されるようになってきたのである．そして，「夫婦のみの世帯」「一人世帯」が増大する現代においては，さらに「地域」との関わりが縮小している．

しかし，はたして現代社会は，「地域」を自覚しなくても生きていくことができる社会なのだろうか．

4. なぜ今，「地域」が重要なのか

2011年3月11日に発生した東日本大震災の記憶は新しい．札幌でも震度4の揺れを感じたが，その後テレビで生中継された津波で押し流されていく建物や破壊された街並み，さらに福島第1原発事故による集団避難等など，人々の生活が根こそぎ破壊されていく様子が目に焼き付いている．

震災後行われた世論調査（内閣府「社会意識に関する世論調査」2012年1

月）では，東日本大震災前と比べて「社会における結びつきが大切だと思うようになったか」と聞いたところ，「前よりも大切だと思うようになった」と答えた者の割合が79.6%，「特に変わらない」と答えた者の割合が19.7%，「前よりも大切だとは思わなくなった」と答えた者の割合が0.5%となっている．また，「東日本大震災後，強く意識するようになったことは何か」と聞いたところ，「家族や親戚とのつながりを大切に思う」を挙げた者の割合が67.2%と最も高く，以下「地域でのつながりを大切に思う」（59.6%），「社会全体として助け合うことが重要だと思う」（46.6%），「友人や知人とのつながりを大切に思う」（44.0%）などの順となっている（複数回答，上位4項目）．

　実は，すでに1995年1月17日に発生した阪神淡路大震災においても，それ以降「地域」に対する関心が高まり，その重要性が見直されている．その理由として原田謙は以下の3点を指摘していた．1つめは，地域における「安全・安心」であり，2つめは，地域における高齢者の「生涯現役」であり，3つめは，「地方都市の衰退と再生」であった．

　このように「1.17」，「3.11」，そして2016年4月14日および16日に発生した熊本地震，さらに2018年9月6日の北海道胆振東部地震を経験し，「地域」はますますその重要性を増しているといえる．

　したがって，今，まさに「地域」を見直すポイントとして，以下の点を指摘することができる．

　まずは，これまで都市生活を支えていた行政や市場が提供する専門的サービスの「限界」を認識しなければならないということである．大震災では電気・ガス・水道等のライフラインが破壊されたり，食料品や日用品の購入ができなくなったりしたが，平時においても財政難等によるサービスの低下や劣化が挙げられる．近年のJR北海道による「廃止検討」も，まさにその1つといえる．また，少子化および超高齢社会における高齢者介護や子育て支援についても，同様である．

　したがって，これらの専門的サービスや専門処理システムを変革して，新

たに居住地を中心とする住民自治による共同・協働の新しい社会システムの再構築が,「地域」に求められているのである.そしてその際,現代社会に相応しい新しい地域・地域社会の概念定位が必要なのである.

> **今日の課題**
>
> あなた自身の「地域」との出会いについて,説明してください.

参考文献
原田謙「なぜ地域が大切か」(森岡清志編『地域の社会学』有斐閣アルマ,2008)

第 1 部　地域社会の構造

第1章
地域社会とは何か

1. 原型としての地域社会

　日本の地域は，戦後の高度経済成長期（概ね1954年～1973年をいう）以前は，多くが農村社会であった．したがって，原型としての地域社会とは，このような農村社会を維持するための村落共同体をいう．ここでは，まずそのような農村における村落共同体をイメージしてみよう．

　農村では，生産と労働の場である田んぼを中心に家父長制に基づく大家族が暮らす家があり，その家が数軒集まって一定区画の田んぼに必要な農業用水路を共同で管理・利用している．そして，日々の農作業のうち田植えや稲刈り等は，協同作業によって行われている．また，このような共同利用・協同作業を行う近隣集団は，さらにいくつかまとまって入会地の利用や道普請等を共同・協同で行う「ムラ」を形成しており，「ムラ」には山の神や風神・雷神等を祭る社(やしろ)があり，定期的に祭事（冠婚葬祭）やお祭り（五穀豊穣を祝う）を行っている．

　このような「ムラ」を村落共同体といい，鈴木栄太郎（1894年～1966年）は自然村と名付けた．鈴木は，このような農村社会では，地域社会は近隣集団（第一社会地区）－自然村（第二社会地区）－行政村（第三社会地区）という3つの形態を成していると指摘している．

　実はこの自然村（第二社会地区）の多くは，江戸時代には幕藩体制下の「行政村」だったのである．それが明治維新によって，近代化・工業化が進

められ，1888年には「市制・町村制」が公布され，翌年施行されて全国で39市1万5,820町村ができた．したがって，「行政村」として形成されてきた「ムラ」がいくつか集まって町村という行政村ができたのである．しかし，町村ができても，その後も「ムラ」には強い共同性が維持されていたのであり，鈴木はこのような「ムラ」を基礎的な地域社会の単位として自然村と名付けたのである．

その後，第二次世界大戦後の農地改革により「地主制」が解体して日本の農村は大きく変動することになり，高度経済成長期には農村社会自体が大きく変容していく．

そのターニングポイントを筆者は，1960年前後と考えている．特に，1961年に制定された農業基本法によって，経営規模の拡大，農作業の機械化等の「農業の近代化」が進み，それに対応できず離農する農家が増加するとともに，高度経済成長によって「出稼ぎ」「兼業化」が進み，次三男の若者は「金の卵」と称され，首都圏等へ「集団就職」して「ムラ」を出ていった．

このような中，政府は農村と都市の格差是正を目指し1962年に「全国総合開発計画（全総）」を策定したが，産業化，都市化による首都圏・大阪圏等への「民族大移動」は逆に加速化し，農村人口の減少，都市人口の急増による過疎・過密問題や公害などの社会問題が発生していったのである．

やがて1973年には「オイルショック」が起こり，日本経済は高度経済成長から経済低成長へと移行していくが，農村生活も都市化していくのだった．

2. 社会学における地域社会概念

社会学の分野で，第一次世界大戦（1914年〜1917年）前後のアメリカ社会における急速な産業化・都市化の進行や地域社会の地域性と共同性の分離，地域性の拡散，共同性の喪失の過程を明らかにし，コミュニティを定義したのは，R. M. マッキーバー（1882年〜1970年）であった．

マッキーバーは，著書『Community』（1917 年）でアソシエーション（人々が共通の関心を満たすために作る組織）との対比によって，コミュニティを一定の地域の上で営まれる共同生活として把握した．共同生活とは，人々が一定の地域に住んで，生活のさまざまな側面にわたってお互いに自由に接することであり，そのことによって共同の社会的類似性や社会的概念・慣習・伝統，そして帰属意識を示すようになるとした．さらに，第二次世界大戦後に『Society』（1949 年）を著し，コミュニティの基盤として地域性とコミュニティ感情を挙げたのである．このようにマッキーバーは，コミュニティの定義を地域性と共同性の 2 つの概念によって把握しようとしたのであった．

　その後，アメリカでは多くの社会学者がコミュニティという言葉を定義しながら，地域社会について論じるようになった．都市社会学者の R. E. パーク（1864 年～1944 年）は，都市をソサエティとは区別されたコミュニティとして把握した．そしてコミュニティとは，競争を基礎原理として形成されており，間接的で人間性のない社会関係が支配的であり，共同の慣習や伝統を欠いている都市として把握したのである．しかし，ここには地域性は見られるが共同性はなかった．

　実は，G. A. ヒラリーが，1955 年に 94 種のコミュニティ定義を比較したところ，①成員の相互作用の存在，②空間境界の存在，③帰属意識と共通規範の存在，の 3 つの指標が見られたという．しかし，すべてに共通するのは②空間境界の存在だけだったという．

　一方，日本では，先に紹介した鈴木栄太郎は農村社会における自然村の重要性を説いたが，それが都市の地域社会でも同様に存在するのかは言及されなかった．日本では，ヒラリーによる 3 つの指標をセットで理解し，地域社会概念の必須用件としてとらえる社会学者が多く見られたのである．

3. コミュニティと地域社会

やがて，地域社会とは別に期待概念として，「日本型コミュニティ論」が論じられるようになっていった．それは，1969年の国民生活審議会調査部会コミュニティ問題小委員会による報告書『コミュニティ：生活の場における人間性の回復』の影響が大きいといえる．ここでは，コミュニティを「生活の場において，市民としての自主性を自覚した個人及び家庭を構成主体として，地域性と各種の共通目的をもった，開放的でしかも構成員相互に信頼感のある集団」と定義し，コミュニティ形成のための方策を打ち出している．つまり，そこで語られたコミュニティとは，地域社会の現状を示すものではなく，大都市における将来の望ましい在り方，つまり望ましい地域社会を意味する期待概念として定立していこうとしたのであった．

したがって，この時期の日本の社会学者によるコミュニティ論は，期待概念としてコミュニティを見出そうとするものであり，奥田道大（1932年～2014年）は個人の意識と行動レベルを基準にして地域社会を類型化し，「コミュニティモデル」を目標に段階的に発展していくことを想定していた．また，松原治郎（1930年～1984年）は，「コミュニティとは，地域社会という場において，市民としての自主性と主体性と責任を自覚した住民によって，共通の地域の帰属意識と，人間的共感と，共通利害をもって，具体的な共通目標にむかって，それぞれ役割を担いながら，共通の行動をとろうとする，その態度のうちに見いだされるものである．」と定義し，住民相互の合意形成と態度的規定を重視した．そして，住民の地域社会への帰属意識，愛着・誇り（「コミュニティ意識」）や相互関係をどう形成していくかが鍵としたのであった．

一方，上記報告書を踏まえて，1970年以降，行政主導によるコミュニティ計画が次々に出されていった．「コミュニティ・センター建設事業」（国土庁），「モデル・コミュニティ事業」（自治省）などである．そして，多くの

都道府県・市町村でも，その基本構想（1969 年の地方自治法改正で必置）の中で，コミュニティづくり（施設づくりが中心）が謳われるようになっていった．

　しかし，農村社会の変容による原型としての地域社会の崩壊の進行は止まらなかった．結局，コミュニティは期待概念でありコミュニティ形成論としては成立したが，現実の地域社会の状態を実証的に捉えるための分析概念としての地域社会概念ではなく，意味を持たなかったのである．

4. 森岡清志による分析概念としての地域社会の概念

　したがって，分析概念としての地域社会の新しい概念定立が必要である．森岡清志は，このような新しい地域社会の概念を規定するため，3 つの基準を求めた．第 1 の基準は，地域社会レベルの新しい「共」の空間を創出するための住民自治の回復と拡大を実現するような社会空間である．具体的には，ローカル・レベルにおける政治あるいは行政サービスに対応する社会空間の範域を明確化することである．第 2 の基準は，地域レベルの専門処理システムの限界を打破する試みが保証されるような社会空間であることである．そして第 3 の基準は，現状分析に有効な一般概念として定位される必要があることである．つまり，行政的範域の意味の再考と地域社会の空間的範囲を明確に確定することで地域空間を限定するとともに，行政的範域と重要な機関の利用圏を重視した新しい地域空間の画定が必要だということであった．

　そこではまず，地域社会とは基礎自治体（市町村）の範域を最大の空間領域に限定した．なぜならば，基礎自治体とは憲法で保障された地方自治の本旨を進めていく要であり，議会を有し主権者である地域住民が自ら制度としてのしくみ（条例）をつくり，実践することができる自治の単位だからである．そして，その空間に居住することを契機に発生する種々の共同問題を処理するシステムを主要な構成要素として成立する社会が基礎自治体なのである．

森岡は，その基礎自治体を以下のような4層（第1〜第4）の地域空間・地域社会として整理した．

第1地域空間・地域社会＝基礎自治体
第2地域空間・地域社会＝中学校区（ないし連合自治会）
第3地域空間・地域社会＝小学校区
第4地域空間・地域社会＝単位町内会・自治会

そして，政令指定都市や平成の大合併後の大都市等では行政区が第○地域空間・地域社会，旧町村が第△地域空間・地域社会とすることも考えられるので，5層または6層もありうるとした．
つまり，地域社会の概念は，下記の図1-1のように重層的に構成され，それぞれの地域空間・地域社会に存在する地域問題に対応して，それぞれに成立する問題処理システムが形成されているとしたのである．

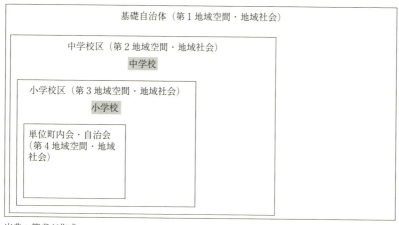

出典：筆者が作成．

図1-1　森岡清志による地域空間・地域社会

5. 基礎自治体を核とした地域社会の新たな概念

　しかし，この考え方に筆者は若干の疑問を持っている．以下，森岡の示した新しい地域社会の概念を参考に，筆者なりの基礎自治体を核とした地域社会の概念を整理していきたい．

　まず，基礎自治体を最大の空間領域とすることには，もちろん同意見であるが，学校区や単位町内会・自治会を地域住民すべてに共通の地域空間・地域社会として位置づけることに一抹の不安を感じる．なぜならば，まず学校区という地域空間・地域社会は，家族・世帯の構成員である子どもがその学校に通っていることが前提で成り立つのであり，子どもがいない家族・世帯や，子どもが別の地域の学校へ通っている家族・世帯にとっては，そのような地域空間・地域社会は現実には存在しないからである．

　一方，単位町内会・自治会についても，全世帯が加入しているわけでなく，構成員や世帯の数や区域の大きさにもバラつきが多く，都市部を中心に必ずしも地域空間・地域社会として明確であるわけではない．

　したがって，筆者は少し別の視点から地域空間・地域社会を考察したいと考える．

　まず考え方の1つとして，人々の生活の基礎は空間としての「家」である．その「家」の中で，構成員としての人々が家族・世帯という最小の社会を形成しているのである．そして，家族・世帯としては，生活ゴミの収集場所の設置等を巡って「家」が所在する近隣の「家」同士の関係として地域空間・地域社会を共有している．つまり，単位町内会・自治会の有無や加入の有無，その空間の大きさ等とは関係なく，人々は近隣社会として地域空間・地域社会を共有しているのである．

　しかし一方，「家」とは別に家族・世帯の構成員一人ひとりは，それぞれの日常生活（通勤・通学，職場・学校・第3の場所等）を通じて，他者との関係や空間・場との関係を感じながら，それぞれ個人にとっての地域空間・

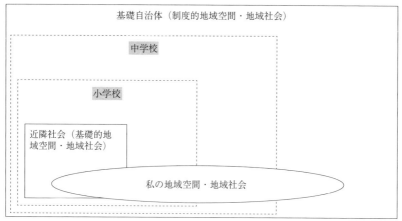

出典：筆者が作成．

図 1-2 筆者が考える地域空間・地域社会

地域社会を発見し共有しているように見える．たとえば，小学校へ通う子どもや PTA に参加する親であるなら，まさに通学路での交通安全や集団登校，学校と地域との関連行事等を通じて，その小学校区を自身の地域空間・地域社会として発見し共有しているといえよう．また，近所のパークゴルフ場に毎日通う高齢者であるなら，そのパークゴルフ場を利用している老人クラブやサークル団体等のメンバーとの関係を中心に，地域空間・地域社会を発見し共有しているといえよう．

したがって，筆者が考える地域社会概念としての地域空間・地域社会は，図 1-2 のように図表化することができる．

森岡は，さらに各層の地域空間にはその範域に応じて，それぞれの地域空間に対する問題処理システムを成立させているとしている．たとえば，森岡が「第 4 地域空間」とした単位町内会・自治会では「ゴミ置き場の設置や清掃」が，「第 2 地域空間」とした中学校区では「駐車場・駐輪場，道路整備，公園管理，歩行者用道路設置，コミュニティ関連施設の管理など」が例示されている．また「第 1 地域空間」とした基礎自治体では，「共同問題の多くは行政等諸機関の提供する専門サービス等によって処理される」としている．

たとえば，ガス・電気・水道等のライフラインや公共交通機関がそれにあたる．

　これに対して筆者の考える地域社会概念では，「基礎的地域空間・地域社会」が森岡の「第4地域空間・地域社会」に対応するが，ここには単位町内会・自治会だけでなく，マンション管理組合等の近隣社会組織や未加入者も含まれ，「住民の共同による処理」として日常的な問題処理システムが成立している．したがって，「ゴミ置き場の設置や清掃」はもちろんここに含まれている．しかし，森岡の「第3（小学校区）」や「第2（中学校区）」は，すべての地域住民にとって地域空間として存在しているわけではなく，例示された「駐車場・駐輪場，道路整備，公園管理，歩行者用道路設置，コミュニティ関連施設の管理など」に対する問題処理システムも，駐車場や駐輪場なら管理会社と利用者が，コミュニティ関連施設の管理なら管理団体と利用者・利用団体が「住民の共同による処理」として担うものであり，場合によっては行政等の諸機関の提供する専門サービスが担うものである．また，筆者の「制度的地域空間・地域社会」は森岡の「第1（基礎自治体）」に対応しているが，ここではすべての地域住民が主権者として「参加・自治・創造」を制度的に保障されており，すべてを行政等の諸機関の提供する専門サービス等が担うのではなく，「住民の共同による処理」を含めて問題処理システムの方法（施策や予算等）の決定（政策決定）に地域住民自身も関わっていく＝「参加」するものと考えている．

　したがって，筆者が考える地域社会概念で重要なことは，近隣社会である「基礎的地域空間・地域社会」と基礎自治体である「制度的地域空間・地域社会」をつないでいくために，個々の地域住民の「私の地域空間・地域社会」をどう豊富化・活性化させていくかであり，そこで生じた問題処理システムをどのようにして「私たちの地域空間・地域社会」として昇華させ，「制度的地域空間・地域社会」を構築化していくかだと考える．

> **今日の課題**
>
> あなた自身の「私の地域空間・地域社会」について考えてみましょう．

参考文献

森岡清志「地域社会とは何だろう」(森岡清志編『地域の社会学』有斐閣アルマ，2008)
大橋幸・石川晃弘・高橋勇悦『社会学』(新曜社，1976)
倉沢進・川本勝編『社会学への招待』(ミネルヴァ書房，1992)
奥田直大『都市社会のコミュニティ』(勁草書房，1993)
松原治郎『コミュニティの社会学』(東京大学出版会，1979)
鈴木栄太郎『鈴木栄太郎著作集Ⅰ・Ⅱ 日本農村社会学原理』(未來社，1968)

第2章
地域社会の変貌

1. 村落共同体は，いつから始まったのか

　前章では，原型としての地域社会とは村落共同体であると整理した．では，そのような村落共同体が始まったのは，いつであろうか．

　日本で人々が農耕生活を始めたのは，弥生時代（紀元前4世紀頃から紀元後3世紀頃まで）だといわれている．それまでの縄文時代の後，朝鮮半島南部から水田稲作農耕が伝来したことによって食料生産経済が始まっていった．その後，邪馬台国から大和朝廷の成立までを古墳時代と呼び，古代（飛鳥時代から平安時代）を経て，中世（平安末期の院政期から戦国時代）に荘園制による土地の私的所有が始まり，近世（戦国時代から江戸時代末期）には，本百姓による耕地の私有と山林原野などの共同体による所有としての入会地をもつという点で，村落共同体が成立したといわれている．

　このような村落共同体は，「ムラ」と呼ばれ，そこでは家と家とが結びつき，近隣集団としての組があり，土地や水利施設の基盤整備が共同で行われていた．そこには「ムラの精神」等の地縁的結合の村落共同体が必要不可欠だったのである．

2. 近代化の流れ

　日本では，一般的には江戸時代末期の開国（または明治）時から敗戦（終

戦）時までを近代という．近世に成立した村落共同体は，やがて近代化の流れの中で少しずつ変貌していく．

　ここでは，日本の近代がいつから始まったのかは詳しく取り上げないが，明治維新の1868年＝明治元年を取りあえずのスタートと考える．

　欧米列強に対抗できる強い中央集権国家をつくる第一歩は，1871年の廃藩置県に始まった．それまで全国に約300あった「藩」という名の地方独立政府は廃止され，中央政府から派遣された役人による「県」に置き換えられていった．

　1872年には学制が制定され，すべての子どもが通わなければならない近代公教育制度がスタートした．そのことは，翌1873年の徴兵制と相まって，富国強兵へ向けた基礎となった．また1872年には，官営の富岡製糸場が群馬県富岡につくられ，上質の生糸の生産が行われるようになっていった．そして，1873年に行われた地租改正によって，国の財政は安定的な税収入を得ることができるようになったのである．1879年には教育令が出され，近代公教育制度が確立していった．

　一方，村落共同体中心の地域社会は，1888年の市制・町村制公布および翌年の施行により，全国が39市1万5,820町村の行政村に区分されていった．しかし，行政村ができても，自然村としての「ムラ」には，強い共同性が維持されていた．

　そして日本は，1889年の大日本帝国憲法公布によって，近代法治国家としての地位を築き，中央集権国家として欧米列強への対抗を強めていった．それは，富国強兵，殖産興業による近代化，工業化の強化であった．そして日本は，戦争への道を走り続けていったのである．

　戦争の歴史は，1894年〜95年の日清戦争に始まる．それは，工業化の象徴である1901年の八幡製鉄所の開業とも相重なり，1904年〜05年の日露戦争へと突き進んでいった．そして，そこでの勝利が，やがて1910年の日韓併合，1914年からの第一次世界大戦へと連なっていく．

　第一次世界大戦は，その主たる戦場はヨーロッパであり，ヨーロッパ諸国

の商品がアジア市場から撤退したため，日本の商品の需要が高まり，日本がアジア・アフリカの輸出市場を独占したことで空前の好況を呈することになった．1918年に第一次世界大戦が終わると，翌年パリ講和会議が開かれ，日本は山東半島などドイツの持っていたアジアにおける権益を継承することとなった．しかし，その後ヨーロッパ諸国の復興がすすみ，その商品がアジア市場に再登場すると，大戦以来の好景気が一転して輸出や国内の需要が減り，日本国内はたいへんな不景気になっていった．戦争が終わった翌1919年には輸入が輸出よりも増え，2年後の1920年には株式の暴落をきっかけに戦後恐慌が起きた．さらに，1923年の関東大震災により，日本経済は大打撃を受け，人々の不満が高まっていった．

そして，その後再び戦争への道が始まり，日本は1931年からの満州事変，1937年からの日中戦争，1939年からの第二次世界大戦，そして1941年からの太平洋戦争へと，突き進んでいったのであった．

1945年には，東京大空襲等全国の主要都市への爆撃と沖縄戦，そして広島・長崎への原爆投下を受け，多くの国民の犠牲や国土の荒廃を経て，ようやく同年8月15日ポツダム宣言を受諾して敗戦（終戦）を迎えたのである．

終戦直後の1946年に農地改革が行われ，小作地を小作人へ安値で渡すことでそれまでの寄生地主制は崩壊したが，それでも当時8割以上の国民は農民であり，村落共同体は維持され続けていたのである．

3. 民主化，産業化，都市化

戦後，1946年11月3日に日本国憲法が公布され，1947年には教育基本法公布・施行，学校教育法公布・施行，地方自治法公布・施行，そして同年5月3日日本国憲法の施行があり，さまざまな戦後の民主化が行われていった．また，1947年〜1950年に第一次ベビーブームが起こり，この間に生まれた人たちは「団塊の世代」と呼ばれる．

そして，朝鮮半島では1950年6月〜1953年7月に朝鮮戦争が勃発し，日

本経済は朝鮮特需により景気が回復していく．1950年代半ば頃には国民所得が第二次世界大戦前の水準に回復するとともに，1954年から1973年にかけて日本経済は高度経済成長を遂げていくのである．

一方，1951年にサンフランシスコ講和条約（発効は1952年4月）が締結し，日本は再び独立国としての歩みを始める．

このような中，高度経済成長と1961年の農業基本法の制定により，「農業の近代化」が進められ，経営規模の拡大，農作業の機械化等により離農する農家が増加し，「出稼ぎ」「兼業化」が加速することになり，農村社会が大きく変貌していった．したがって，1960年頃が日本の地域社会にとって変貌のターニングポイントであるとしたのである．

1962年は，全国総合開発計画（全総）が出され，農村と都市の格差是正が目指されたが，産業化，都市化による「民族大移動」は止められず，農村人口の減少，都市人口の急増は進み，過疎・過密問題や公害などの社会問題が相次いで発生し，都市での学校不足も深刻になっていった．

1969年には，国民生活審議会調査部会コミュニティ問題小委員会報告書『コミュニティ：生活の場における人間性の回復』が出され，行政主導によるコミュニティ計画も進められていった．同年には，過疎過密問題への対応を目指し，新全国総合開発計画（新全総）も出された．ここでは，北海道，青森，鹿児島等への大規模工業基地構想や全国への新幹線・高速道路ネットワーク構想も立てたが，1971年8月の「ニクソンショック」を経て，1973年12月には「オイルショック」により高度経済成長が終焉したことによって，計画どおりには進まなかった．

一方，そのころ第2次ベビーブーム（1971年～1974年，「団塊ジュニア」と呼ばれる）があり，都市部を中心に核家族化が進んでいった．

高度経済成長を受け，福祉分野では1973年に老人医療費無料が実現し，「福祉元年」と言われたが，直後の「オイルショック」により「福祉見直し」が行われ，1978年には，「日本型福祉社会」の提唱が行われるようになった．

このように「オイルショック」以降の日本社会は，産業構造の転換（脱工

業化）と経済低成長が続くとともに，農村生活も都市化していくのである．

4. 現代社会と地域社会

　先に「敗戦（終戦）時までを近代という」と一般論として記したが，本書では1960年頃をターニングポイントとして，農村社会が大きく変貌していき農村生活も都市化した1973年以降の社会を現代と呼びたい．なぜならば，近世に成立した村落共同体が近代化を経て完全に崩壊していくのは，高度経済成長を経た「オイルショック」以降だからである．

　やがて1977年には，第三次全国総合開発計画（三全総）が出され，「地方の時代」ともいわれ，それぞれの地域社会での定住構想が示されていく．しかし，1985年のプラザ合意を受け，変動相場制への移行により，当時1ドル240円から1年後には120円となる急激な円高が起こっていく．それはバブル景気（1986年～1991年）を巻き起こし，1987年に出された第四次全国総合開発計画（四全総）（多極分散型国土の構築＝東京一極集中の是正と大型リゾート地域の整備）と相まって，東京一極集中（「地上げ」）と地方でのリゾート開発が行われていくのである．

　そのことはきびしい地域再編を迫ることになったが，「バブル」の崩壊（1991年）によって破綻し，以降経済の低迷が続いていく．1997年には北海道拓殖銀行が破綻するなど，このような経済低迷期間は，後に「失われた20年」等と呼ばれている．しかし，この間，1993年にはインターネットサービスが開始され，1995年にはWindows95が発売される等IT化が進んでいった．

　一方1989年には，日本の合計特殊出生率が1.57となり（「1.57ショック」），その後も低下し続け，2005年に最低1.26を記録している．

　このような中，1990年代は，情報化・国際化・高齢化・少子化の傾向が続くことにより，地域社会の存続や新しい形成に大きな影響を与えていく．1990年には入管難民法（出入国管理及び難民認定法）が改正され，日系ブ

ラジル人が労働者として日本の地域社会に入ってくることになった．1993年には，外国人労働力の先駆けとなる技能研修制度（現在の技能実習制度）が導入され，日本社会は多文化共生社会が求められるようになっていったのである．

また，1990年には社会福祉関係8法が改正され，高齢者に対する在宅福祉を中心とする法整備が進み，市町村による高齢者福祉計画（「ゴールドプラン」）の作成が義務づけられ，「日本型福祉」が強化されていく．2000年には，介護保険制度が導入された．

少子化に対しては，1994年には国の子育て支援政策として「エンゼルプラン」が示され，市町村でも策定されていく．しかし，1997年には，「老齢人口比率」が「年少人口比率」を逆転し，さらに1999年には「新エンゼルプラン」が示された．それは，1989年に「1.57ショック」が，マスコミでセンセーショナルに取り上げられたからであるが，その成果はなかなか現れてこなかった．

一方，1995年には阪神淡路大震災が起こり，「ボランティア元年」と言われるようにボランティア活動が顕在化し，注目を浴びるようになった．そのことを受けて，1998年には特定非営利活動促進法（NPO法）が制定された．

1995年には，地方分権推進法が制定され，2000年に「地方分権一括法」が制定された．それにより，機関委任事務が廃止されるなど，市町村が自治体として制度的に位置づけられるようになったといえる．一方で，1995年に市町村合併特例法（1999年改正）が制定され，その後の「平成の大合併」へとつながっていく．

また，1978年に制定された「大店法」を改め，新たに「まちづくり3法」（都市計画法・中心市街地活性化法・大規模小売店補立地法）を制定したのは，1998年（「大店法」廃止と「大店補立地法」施行のみ2000年）であった．

しかし21世紀に入ると，改正市町村合併特例法と「小泉構造改革」（2001年から2006年）により，「平成の大合併」（2005年〜06年中心）が行われ，

3232 市町村（1999 年）が 1712 市町村（2010 年）へと減少していく．また，2004 年には地方自治法改正が行われ，指定管理者制度の導入や地域自治区制度等が進められた．

　2006 年は，「まちづくり 3 法」が改正され，市街地の郊外拡散の抑制やコンパクトシティ化が目指されるようになった．2008 年には，後期高齢者保険制度が導入されている．

　一方，「バブル」の崩壊以降持ち直していた日本の経済も，2008 年の「リーマンショック」（金融経済恐慌）の影響を受け，再び低迷していった．日本はこの年，初めて総人口が減少し，人口減少社会に入り，総人口は年々減少し始めている．しかし，人口の東京一極集中は止まらず，4 大都市圏（首都圏・近畿圏・中京圏・福岡・北九州圏）や札幌圏等でも人口増は続いている．したがって，それらの地域以外の人口減は加速しているのである．

　これに対して，2014 年「増田ショック」と呼ばれ，全国で 896 もの自治体が「消滅可能性都市」とされる報告が出された．以降，政府は地域創生政策を政策の 1 つの柱として進めている．

　2010 年には，技能実習制度に改正され，さらに 2017 年にも改正され 3 年から最大 5 年間の実習期間に変更された．2019 年からは，また新しい制度ができ，人口減少社会に対応した外国人労働者の受け入れが始まろうとしている．これは，2012 年にスタートした安倍政権による「アベノミクス」を進めるための政策であり，多文化共生社会をしっかりと目指していくのかどうかが問われている．

　このような中，2011 年には東日本大震災，2016 年に熊本地震，そして 2018 年には北海道胆振東部地震と，未曾有の災害が日本を襲った．地震や津波の被害だけでなく，東日本大震災では原子力発電所からの放射性物質の拡散による被害はいまだ収束せず，地域社会を崩壊・分断したままである．

　このように，現代においては人口減少社会の中で，いかに持続可能な地域社会を維持していくかが課題であり，私たちはその変貌の変遷を理解するとともに，どのように考え行動していかなければならないかを検討する必要が

あるのだ.

> **今日の課題**
>
> 1960年をターニングポイントとして，地域社会の変貌がわかる年表をつくろう.

参考文献
増田寛也編『地方消滅：このままでは896の自治体が消える』(中公新書，2014)
大久保武・中西典子編『地域社会へのまなざし』(文化書房博文社，2006)
蓮見音彦編『講座社会学3 村落と地域』(東京大学出版，2007)
高橋勇悦・大坪省三編『社会変動と地域社会の展開（第二版）』(学文社，2007)
森岡清志編『地域の社会学』(有斐閣アルマ，2008)

第3章
地域社会の制度と組織

1. 地域社会には土地と空間がある

　当たり前の話と思うかもしれないが，地域社会には土地と空間がある．私たちは日常的に，土地の上に建つ建物（自宅）の中で生活し，土地の上に建つ建物（学校や会社）の中で学び・仕事をし，娯楽（映画館や劇場）をしたり買い物（スーパーやデパート）をしたりして地域生活を過ごしている．また，土地は空間とセットで立体的に成り立っており，土地に建つ建物の多くは高層建になっている．また，地下鉄や地下街等，空間は地上のみならず，地下にも存在している．

　私たちは，地域社会で生活する際，必ずこのような土地と空間に関与しているのである．

　たとえば，序章で紹介したある独身で一人暮らしのサラリーマンの1日の生活を，もう一度想像してみよう．彼は，自宅のワンルームマンション（賃貸）という土地と空間を，大家（所有者）から借用して暮らしている．そして，毎朝自宅から地下鉄駅まで道路（私道や市道・道道・国道など）を歩いて5分，地下鉄（市営）に乗って（運賃を払う），会社のある地下鉄駅で下車して，地下歩行空間（市所有）を歩いて3分，地下直結のビル（会社所有）の中にある会社のオフィスに通勤している．よく見ると，彼自身は土地と空間を所有しておらず，すべて他者が所有している土地・空間を利用していることがわかる．つまり，自宅や道路（私道），オフィスは大家や会社が

所有している土地・空間を利用（借用）し，地下鉄や地下歩行空間，道路（市道・道道・国道）は国・自治体が所有（管理）している土地・空間を利用している．それが関与しているという意味である．

このように土地や空間に関与する主体として，個人や集合体がある．集合体とは，さまざまな団体や行政（公的）機関（国・都道府県・市町村），会社などの企業（私的），協同組合（共同的）等がある．そして，関与とは一般的には所有のことを指すが，上記の事例から処分・収益・利用・管理・保障の5つの側面としてみることができる．処分とは，土地・空間の売買や貸与を決めることである．収益とは，処分による使用を許すことで代金を請求できることである．利用とは，まさに具体的に使用することである．管理とは，利用に対して規制することである．そして保障とは，これらすべてを全体として関連づけて行うことである．

実は，農村社会においては「ムラ」（村落共同体）という集団に地域（土地・空間）は管理されていた．たとえば，入会地・水路などがそれである．

一方，現代では，地域という土地・空間は，さまざまな主体によってモザイク状に所有されており，それぞれの主体が，その空間の利用を制限しているのである．そして，その利用の制限には一定のルールがあり，そのインフラ整備や管理には公共機関自身が，管理したり，土地・空間の管理や所有に対して特権的な影響力を持っていたり，関与しているのである．たとえば，都市計画や地域政策等は，国や都道府県，市町村という公共機関が土地利用のあり方を規制しようとしていることである．

2. 地域社会と国・自治体の関与

これら地域という土地・空間への国や都道府県（広域自治体），市町村（基礎自治体）という公共機関の関与として，①土地・空間の私的所有者，②公共の用に供されている公有地の管理者，③他の個人・団体が私的に所有・利用している土地・空間の管理・規制，④あらゆる個人・団体の地域へ

の関わりを保障すること，が挙げられる．

　まず①土地・空間の私的所有者とは，どういう意味か．つまり，公共機関も個人や団体と同様に，土地・空間の私的所有者だということである．たとえば，皇居や首相官邸，知事公館，そして自衛隊の演習地等は，国有地ではあるが特定の地位のある人々だけに使用が制限され，部外者が立ち入ることができない場所も多い．

　次に②公共の用に供されている公有地の管理者とは，公共機関が所有する土地・空間の多くは，公共のために供される公有地であり，その管理者であるということである．たとえば，道路や河川，公園や施設等がそうである．

　一方，③他の個人・団体が私的に所有・利用している土地・空間の管理・規制とは，上記のような関わりを間接的に行うことである．たとえば，公共交通機関としてのバスや電車の運行を担っている民間企業に対して，許認可権による規制を行い，利用している土地・空間を全体として管理・規制していることである．先に触れた都市計画や地域政策は，まさにそれにあたる．

　最後に，④あらゆる個人・団体の地域への関わりを保障することとは，たとえば個人・団体にとって土地・建物の所有権は，法務局の登記簿に記載することでその権利が保障されているということである．基本的人権である財産権を国が保障するということである．

　公務員や自治体職員の仕事とは，まさにこれら関与に関わる仕事をすることである．特に地方自治体は国家と同じ公共機関であり，市町村（基礎自治体）は生きた住民の現実にもっとも近いところにある．2000年の「地方分権一括法」の施行以来，まさに国と対等な地方政府として，地域主権が主張されてきたはずである．「地方自治は，民主主義の学校」と言われるように，自治体職員には住民自治による団体自治に基づいた地域社会への関与が求められているのである．

3. 人と地域との関わり・組織・制度・ネットワーク

　一方，人と人との相互行為は，すべて土地・空間＝地域という土台の上で行われている．

　その際，住居かつ現住所が，定住（長期的固定）か流動（短期的移動）か，また所有（比較的長期）か利用（一時的）か，という特定の個人と特定の空間との関係を前提に成り立っているといわれている．つまり，定住とは，住居かつ現住所である地域に長期間固定的に生活しているということであり，流動とは学生や転勤族のように，地域に短期間しか生活せず移動していくことである．また所有とは，住居かつ現住所の家やマンションを所有していることで比較的長期間地域に定住することであり，利用とは賃貸で居住するマンションやアパートを借りて暮らしていることで比較的短期間で移動する．したがって，人と地域の関わりを考える場合，このような定住か流動か，所有か利用かという2つの違いが重要なのである．

　他方，特定の個人と特定の空間との関係は，他の人々との関係（社会的関係）を前提に成り立っていることも理解しなければならない．

　したがって，都市空間をめぐる人々の社会関係も，特定地域に累積しない形で関連しているのであり，「関係ない」ように見えるだけにすぎない．

　人々の社会関係とは，個人を単位として複数の個人が集まることで集団となり，その集団が決められた役割を果たす個人の集団として形式的に整備されると組織と呼ばれる．さらに，複数の組織による全体的な関連が文書によって規定され，恒常的に確定されるようになると，制度と呼ばれるのである．

　個人を単位とした一番身近で最小の複数の個人が集まる集団として，まず挙げられるのが家庭である．家庭は，住居という空間に存在する最も小さな社会的つながりといえる．そして，その家庭が存在する地域空間には，近隣という社会的つながり（第1章で定義した基礎的地域空間・地域社会としての近隣社会と合致する）がある．

一方，経済的な生産の場として職場があり，都市においては家庭と職場は分離している場合が多いが，自営業等は比較的に地域空間を共有している場合が多い．また，家庭とは無関係に展開する社会的つながりもあり，地域空間も近隣を超えている場合は，それを社交という．

　そして，これらは何らかの組織や制度との関係との関わりで存在している．たとえば，家庭の背景には家族制度があり，職場は企業という組織であり，企業組織や市場という制度に規定されている．近隣には，町内会・自治会等の組織があり，社交には同好サークル等の組織がある．

　第1章での制度的地域空間・地域社会としての基礎自治体の中で，このような組織と制度を概観すると地域社会における集団には，インフォーマルな集団とフォーマルな集団がある．インフォーマルな集団とは，親族，近隣，友人，仲間等をいい，フォーマルな集団とは，伝統的な地域集団，アソシエーション，ボランタリー・アソシエーションをさす．

　表 3-1「地域社会の諸集団」（例示）は，少し古い資料であるが，基礎自治体内の地域社会の諸集団を例示して類型化したものである．「I 家族集団及び家族関係集団」には，インフォーマルな集団としての家族・親族・友人が挙げられている．

　「II 地域集団」以下がフォーマルな集団であり，近隣社会（基礎的地域空間・地域社会）から基礎自治体（制度的地域空間・地域社会）に連なる諸集団を例示的に整理したものといえる．「III 教養集団」は，社交に属する団体である．

　第1章では，筆者が定義した「基礎的地域空間・地域社会」と「制度的地域空間・地域社会」をつないでいくために，個々の地域住民の「私の地域空間・地域社会」をどう豊富化・活性化させていくか，そこで生じた問題処理システムをどのように「私たちの地域空間・地域社会」として昇華させ，「制度的地域空間・地域社会」を構築化していくかを指摘した．

　したがって，本章で取り上げた「地域社会の諸集団」の多くが現在も各基礎自治体に存在し活動を続けているならば，それらを個人レベルのつながり

表 3-1 地域社会の諸集団（例示）

Ⅰ 家族集団及び家族関係集団	(1)	家族集団
	(2)	親族集団―同族，親戚・親類
	(3)	友人集団―友人・仲間・知人・知己
Ⅱ 地域集団	(1)	近隣集団―近隣，組（隣組）
	(2)	地域集団―町内会・部落会・自治会
	(3)	年齢階層集団―子供会，青年団，婦人会，老人会
	(4)	行政協力集団 (A)―消防団（警防団） (B)―納税組合，納税貯蓄組合，衛生組合 (C)―防犯協会，防火協会，交通安全協会，観光協会 (D)―PTA (E)―〔事業〕協力会，募金協力金 (F)―社会福祉協議会，母子福祉協議会
	(5)	住民運動―○○守る会，○○考える会，○○つくる会，○○反対する会，○○反対同盟，○○対策協議会，○○促進会
Ⅲ 教養集団	(1)	社会教育集団 (A)―青年学級，社会学級，婦人学級 (B)―クラブ，サークル (C)―体育集団
	(2)	体育集団―○○連盟，○○協会，○○同好会，○○愛好会
	(3)	趣味・娯楽集団―クラブ，サークル
	(4)	社交集団―同窓会，県人会，ロータリークラブ，ライオンズクラブ
	(5)	ボランタリー集団
Ⅳ 経済集団	(1)	企業内集団―職場集団，同僚・仲間，クラブ・サークル
	(2)	企業集団―民間企業・公共企業
	(3)	商工集団 (A)―商工会議所，商工会，青年会議所 (B)―商店会，専門店会 (C)―同業組合，協同組合 (D)―経済団体
	(4)	農林漁業集団 (A)―農業協同組合，漁業協同組合，森林協同組合 (B)―単位組合
	(5)	消費生活集団―生活協同組合
Ⅴ 労働集団	(1)	労働集団―民間労組，公共労組
	(2)	労組連合集団―地区労組協議会
Ⅵ 文化集団	(1)	学校集団―幼稚園，小・中・高校，大学，学習塾，専修学校
	(2)	学術集団―研究所，調査機関，学会
	(3)	医療集団―診療所，医院，病院，療養所
	(4)	メディア集団―新聞社，放送局，出版社
	(5)	宗教集団

		(A)―寺院，神社，教会
		(B)―信徒，檀徒，氏子
Ⅶ	政治・行政集団	(1) 行政集団
		(A)―市役所，付属機関，行政委員会，議会
		(B)―行政補助委員集団
		(C)―公共組合
		(D)―地方自治体協議会，特別地方公共団体
		(2) 政治集団
		(A)―政党，党派，後援会
		(B)―政治連盟

出典：高橋勇悦「地域社会の社会構造」（蓮見音彦・奥田道大編『地域社会論』有斐閣，1980），95頁．

　である「私の地域空間・地域社会」に留めず，その意図的な社会的つながりを強化することで，集団的につながりを持たせ強化することができれば，個々の「私の地域空間・地域社会」が「（協同的な）私たちの地域空間・地域社会」へと発展し，そのネットワークを通してそこで生じた課題の「住民の共同による処理」が強化されると考える．そして，制度としての新たな問題処理システムの構築（「（公共的な）私たちの地域空間・地域社会」）につながっていくと考える．

　しかし，実際にはここに例示されている地域社会の諸集団の中には，すでに多くの自治体で消滅したり，解散したり，有名無実化したりして現在は存在しない組織・集団もある．また，すべての組織・集団にすべての住民が参加できるわけではない．

　したがって，現段階では組織と組織の集団的ネットワークを分析することは困難となっており，個人と個人との限定的なつながりそのものをネットワークと捉え，分析単位としなければならない．しかし，一方でこのようなネットワーク分析では，個人と個人とのつながりが地域という空間を超えてさらに広がり続けることもあり，地域という空間が意味のないものになってしまう可能性もある．

　そこで玉野和志は，「階層」という概念に注目した．つまり，特定の個人がどのような形で地域と関連するネットワークを持つか，持たないかは，そ

の人がどのような形で地域と結びついた組織や制度の中に位置づけられているかによるもので，そこには階層的な隔たりが生まれてくるというのである．したがって，このような階層的な隔たりが地域との関わりという点と有意に関連するという．たとえば，階層が高いグローバル大企業やキャリア官僚等の人々は近隣にほとんど関わらない．しかし，中小零細自営の人々や主婦（階層が低い）は，特定の地域に関らざるをえず，近隣のネットワークを発展させている，と指摘するのである．

このことは，第3部地域を創る主体（第11章・第12章）につながる視点でもある．

4. 人と制度をつなぐ基礎自治体への期待

それでは，このような地域社会の組織と制度は誰が創るのだろうか．

前述したように，複数の個人が集まることで集団となり，その集団が組織と呼ばれるようになっていく．そして，複数の組織による全体的な関連が文書によって規定され恒常的に確定されるようになると制度と呼ばれる．そのように考えていくと，個人が制度をつくったように見える．

しかし，実際には制度としての国の法律は，その策定過程を官僚が一手に握ってきたのであり，その法律を介して制度をコントロールすることで社会が動いていく．それが「政治」であり，戦後の日本では議会制民主主義のもと進められている．現実の国の政策としての法律の制定過程を見聞きすると，国民全体のためというより，特定の団体（たとえば，大企業や支持団体）の利益のために法律がつくられ制度化されている面も多い．

一方，第2章で紹介したように，2000年に「地方分権一括法」が制定されたことにより，機関委任事務が廃止された．このことにより，国の出先機関として多くの場面で位置づけられてきた市町村が，基礎自治体＝地方政府として制度上に位置づけられたのである．

したがって，筆者は基礎自治体としての市町村が，国や都道府県（広域自

治体）との関係で制度的にも「自治の砦」として位置づき，住民自治による団体自治のもと，まさに地域社会の組織と制度を創っていくことに大きな期待を持っている．

　すでに2001年に北海道ニセコ町が，「自治体の憲法」とも呼ばれている「自治基本条例」（ニセコ町では「ニセコ町まちづくり基本条例」）を策定したことをきっかけに，先駆的自治体での同条例策定が進んでおり，それはまさに地域住民の「参加による自治と創造」のまちづくりの保障であり実践なのである．

　第1章で，筆者が基礎自治体を「制度的地域空間・地域社会」と位置づけたのは，このような基礎自治体だからこそ，地域住民一人ひとりが参加して，「私の地域空間・地域社会」から「（協同的な）私たちの地域空間・地域社会」，そして「（公共的な）私たちの地域空間・地域社会」へと発展させ，自治的に地域での社会的なつながりや組織，そして問題処理システムの制度を創っていけると考えるからである．

今日の課題

　表3-1「地域社会の諸集団」の中から，自分や家族が所属している集団を書き出してみよう．

参考文献

奥田道大・蓮見音彦編『地域社会論』（有斐閣大学双書，1980）
森岡清志編『地域の社会学』（有斐閣アルマ，2008）
玉野和志「地域を枠づける制度と組織」「地域に生きる集団とネットワーク」（森岡清志編『地域の社会学』有斐閣アルマ，2008）

第4章
地域社会と社会調査

1. 地域社会を知るために

　私たちは，自分が日々生活している地域社会が，どんな歴史を持ち，どんな人々がどんな仕事をしながら暮らしているのか，その構造はどのようになっているのか，そして将来どんな地域社会へと発展していくのかを，どのようにして知ることができるだろうか．

　社会学では，①現在の社会が歴史を創り出す過程に注目して，創り出される過程を解読していくという研究＝「地域が歴史を創り出す次元」の研究と②現在の地域の歴史的起源を探り当てる＝「歴史が地域を造り出す次元」の研究があるという（中筋直哉）．

　本章では，地域の歴史や構造を詳しく知ろうと考えた時，私たちはまずどうしたらよいだろうかを考えたい．

　1つは，自治体には必ず「〇〇町史」等の市町村史が編纂されている．もちろん都道府県にも都道府県史がある（以下，自治体史という）．したがって，それらを読んで，まずはその自治体としての地域・地域社会の成り立ちを知ることからはじめるのがよいだろう．

　たとえば，北海道羽幌町の『羽幌町史』（羽幌町史編纂委員会，1968年7月10日発行）の目次を見ると，以下のような項目が挙がっている．

　　第1編　自然とアイヌ語地名

第2編　羽幌地方の先史時代
第3編　羽幌地方（苫前郡）の開拓前史
　　第1章　江戸時代(1)－18世紀末まで－
　　第2章　江戸時代(2)－18世紀末から19世紀半ばまで－
　　第3章　江戸時代(3)－幕末－
　　第4章　開拓使・三県時代
第4編　人口と行政
　　第1章　羽幌村の成立－明治18年～35年－
　　第2章　1・2級町村制時代－明治35年～大正10年－
　　第3章　町制施行と戦時体制下の動向
　　第4章　戦後の発展
第5編　農業
　　第1章　開拓の進行と戦時中の好況
　　第2章　造田事業の進行と農業の転換
　　第3章　続く凶作と戦時体制下の農業
　　第4章　戦後の農業
第6編　漁業
　　第1章　鰊漁業の盛衰
　　第2章　鰊以外の漁業と漁船
　　第3章　転換期の漁業
　　第4章　漁業団体
第7編　鉱業
　　第1章　苫前炭田の地質と炭層
　　第2章　羽幌炭鉱の生産と市場
　　第3章　開発前史
　　第4章　創業時代の羽幌炭鉱
　　第5章　躍進の羽幌炭鉱
　　第6章　最近の羽幌炭鉱

　　　　第 7 章　労働運動と鉱員
　　　　第 8 章　砂金と石油
　第 8 編　林業
　第 9 編　商工業
　　　　第 1 章　商業及び金融
　　　　第 2 章　工業
　第 10 編　交通・運輸・通信
　　　　第 1 章　陸上交通・運輸
　　　　第 2 章　海上運輸
　　　　第 3 章　通信機関の発達
　第 11 編　教育と宗教
　　　　第 1 章　教育
　　　　第 2 章　宗教
　第 12 編　公安
　第 13 編　天売・焼尻両島略史

　ここでは，まず羽幌町の自然環境について整理するとともに，先住民族であるアイヌの人々の言葉から付けられた地名について取り上げている（第1編）．そして，歴史では先史（第2編），開拓前史（第3編）と整理したうえで，以降を明治以降の開拓の歴史として，第4編で羽幌町の人口と行政の変遷を取り上げ，第5編から第9編で農業・漁業・鉱業・林業・商工業と産業別歴史を整理している．第10編から第12編は，交通・運輸・通信，教育と宗教，そして公安の歴史を整理している．最後に第13編では，「昭和の大合併」で合併した天売・焼尻両島の歴史について，簡単に整理している．

　しかし，このような公的機関である自治体が編纂した自治体史等では，基本的な問題として，「歴史創造の主体は誰か」「人々は何を歴史と考えるのか」「何のために歴史をつくり出すのか」「歴史の政治的機能は何か」等の問いは欠落してしまう．したがって，自治体史を読む際には，そのことを充分

理解していなければならないだろう．

　2つめは，自治体の現状と地域構造の推移を知るために統計資料を読むことである．現在，どこの市町村でもホームページにその自治体の統計資料をデータとしてアップしているはずである．それらは文章で説明されているのではなく，すべて数値が書かれており，それらを「読む」ためには，若干のルール（分析方法）を理解していなければならない．

　たとえば，北海道八雲町の「統計八雲」（平成28年度「統計八雲」八雲町役場ホームページから）の目次を見ると，以下のような項目（第2編および第3編のみ全部掲載）が挙がっている．

　　第1編　沿革・地勢・気象
　　第2編　人口と世帯
　　　　　6．人口及び世帯数
　　　　　7．地域別の世帯数及び人口
　　　　　8．人口動態
　　　　　9．年齢別人口
　　　　　10．世帯の種類・世帯人員別世帯数
　　　　　11．配偶関係・年齢・男女別人口（15歳以上）
　　　　　12．渡島・桧山管内市町村別世帯数及び人口
　　　　　13．職業別就業人口
　　　　　14．労働力状態（15歳以上）
　　　　　15．産業別就業人口
　　第3編　産業
　　〈事業所〉〈農　業〉
　　　　　20．農家数・世帯人員及び労働力の状況
　　　　　21．農家数（兼業種類別）
　　　　　22．　〃　（経営耕地規模別）
　　　　　23．主要農作物作付面積及び収穫量

24. 主要家畜飼養状況
25. 経営耕地面積
26. 農業生産額及び生産農業所得
27. 牛乳生産量及び生産額
28. 農地転用状況

〈水　産〉

29. 漁業経営体数
30. 　　〃　　（漁業の海上作業従事日数別）
31. 海面養殖業経営体数（ほたてがい養成貝規模別）
32. 漁業就業者数　（出身世帯別）
33. 漁業経営体数　（最盛期の海上作業従事者数別）
34. 　　〃　　（営んだ漁業種類別）
35. 　　〃　　（漁獲金額別）
36. 主要魚種水揚量及び水揚高
37. 漁業就業者数　（性別・年齢別）
38. 漁船保有状況

〈林　業〉

39. 林業の生産状況
40. 林業就労人口
41. 民有林の齢級別面積及び材積
42. 保有別森林面積及び材積
43. 保安林の状況
44. 森林所有構造
45. 町有林の状況（団地別面積）
46. 町有林の状況（林相別面積）

〈商　業〉

47. 商店数・従業者数及び年間商品販売額
48. 規模別商店数

〈工　業〉
　　　49. 工場一覧（従事者数 10 人以上）
　　　50. 工業団地の概要
　　　51. 工業事業所数・従業者数及び製造品年間出荷額等
　　　52. 工業事業所数・従事者数（規模別）
第 4 編　民生・保健・衛生・労働・住宅
第 5 編　教育・文化
第 6 編　交通・観光・通信・公園
第 7 編　防災（消防）・治安
第 8 編　行財政
第 9 編　附表

　この中で，たとえば「22. 農家数（経営耕地規模別）」を見ると，2005 年に合併する前の旧・八雲町では 20 ヘクタール以上の経営耕地を有する大規模農家がそれほど減少していないのに対して，旧・熊石町では 0.1～0.49 ヘクタールの小規模農家の急激な減少が起きており，合併後はデータが一本化されて詳しくはわからないが，小規模農家の減少が目立ち，旧・熊石町の農家のさらなる減少を想像することができる．
　3 つめは，「自治体の未来の姿を知る」という視点から，その自治体が作成した総合計画書を読むことである．
　たとえば，北海道留萌市の「第 6 期総合計画」（2017 年度から 2026 年度）の目次には，以下のような項目が挙がっている．

　　第 1 章　序論
　　　　Ⅰ. 計画の策定にあたって
　　　　Ⅱ. 計画の期間と構成
　　第 2 章　総論
　　　　Ⅲ. 基本理念

　　　　　Ⅳ．基本テーマ（都市像）
第 3 章　各論
　　　　　Ⅴ．基本構想・基本政策
　　　　　　　　産業・港・雇用
　　　　　　　　観光・交流
　　　　　　　　健康・福祉
　　　　　　　　教育・子育て
　　　　　　　　防災・防犯
　　　　　　　　環境・都市基盤
第 4 章　進行管理
　　　　　Ⅵ．総合計画の進行管理
資料編
　　　　　ⅰ．第 6 次留萌市総合計画策定市民会議
　　　　　ⅱ．パブリックコメント
　　　　　ⅲ．庁内策定会議／市議会
　　　　　ⅳ．中期財政計画（財政健全化）
　　　　　ⅴ．人口の推計

　目次だけではわかりにくいが，留萌市では留萌の 50 年後，100 年後を見据えた次の 10 年間のまちづくりを進めていくため，第 6 次留萌市総合計画を策定したとしている．そして 4 つの基本理念（1．安心・安全なまち，2．充実した教育と健康のまち，3．活力あるまち，4．コンパクトなまち）に基づき，基本テーマとして，「みんなでつくる　まち・ひと・きぼう　次の時代へ続く留萌」を掲げ，各論ではそれぞれの項目ごとに「目指す姿」を提起し，それぞれの政策を進めていこうとしているのである．
　このように，具体的な地域社会の歴史・産業構造・人口構造，そして将来構想を知るためには，既存の資料を利用することが有効であり，まずはそこからスタートしなければならないだろう．

2. 地域社会調査（社会調査としての地域調査）の実際

しかし，実際の地域社会は，上記で取り上げたデータだけでその実像を理解することはできない．

「いま，ここ」で，暮らしている人々の実際の息遣いを感じる生活や生の声を直接聞いたり，多くの人々が現実の地域社会にどのような不安や期待を持っているのかを知ったりするためには，社会調査としての地域調査が不可欠となってくる．

ここでは，社会調査の種類と方法について説明するとともに，実際に地域調査を行うための準備をしていきたい．

(1) 社会調査の種類と方法——量的調査と質的調査

図4-1に整理しているように，社会調査は「量的調査」と「質的調査」の2つの方法に分類できる．

量的調査は，統計的調査とも言われ，多数のケース（人々）から大量の情報を収集して分析することに長けている調査方法である．5年に1回全国民を対象に行われる国勢調査やさまざまな世論調査等が，この調査の代表的な調査である．

国勢調査のように，対象となるすべてのケース（この場合は，全世帯・全構成員）を調査することは全数調査または悉皆調査といい，1,000ケースや1万ケース等，対象となるすべてのケースの中から，「無作為に」ケースを選んで調査することを標本調査という．

このような量的調査では，一般的に調査票（いわゆるアンケート票）を作成し，1つの質問に対して選択肢を選ばせる形式で，短時間に多くの質問に対して回答できる調査となっている．それらの調査票は，郵送や直接手渡しで対象者に届けられるが，返却の仕方によって「郵送法」「留め置き法」「個別面接法」等があり，方法によって返却率も異なってくる．

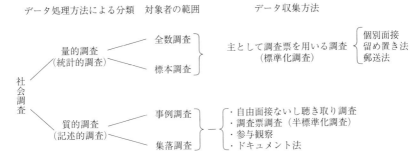

出典：森岡清志編『ガイドブック社会調査』（日本評論社, 1998）p.14, 図1-1を筆者修正.

図 4-1 社会調査の種類と方法

　一方，質的調査は，量的調査のような「数的データ」を使わない調査である．記述的調査ともいわれ，主にフィールドワークを通じて，人々の語りや経験，映像等の「質的データ」を収集し，記述・記録して解釈を加え編集していく調査法である．直接面談するインタビュー（インタビュー調査または聞き取り調査）や調査対象者たちの日常生活に直接参加して観察（参与観察），調査する方法である．その他，調査票を用いながらインタビューする半標準化調査や日記，小説，議事録，裁判記録，新聞など，文字で書かれたものすべてを素材に分析するドキュメント分析（ドキュメント法）等がある．

　このような質的調査では，ある特定の民族や出来事（事例調査），ある特定の地域社会（集落調査）がその調査対象となる．

(2) 地域調査とは

　ここでは，ある特定の地域社会を調査対象として，そのなかに埋め込まれている諸構造を明らかにしようとすることを地域調査と定義しておく．

　そのための手法が，社会調査であり，標準化した質問票調査（量的調査）の他，聞き取り調査（質的調査）や悉皆調査（集落調査としての悉皆調査＝量的調査，質的調査）が多く採られる．つまり，地域調査を行う際には，量的調査だけでもなく，質的調査だけでもない．量的調査と質的調査をうまく

関連づけながら，さまざまな視点から地域社会の全容を明らかにしていくのである．

その際，利用するデータは，フィールド・データ（上記調査の分析データ）や第1次資料（公的機関や団体の記録，会議録や日記等，最初に記録されたままの資料）の他，自治体要覧や報告書，統計資料，地元新聞記事などの文献データや第2次資料（引用資料）等，多種多彩のデータを利用することになる．

このような地域調査を行うことによって，当該地域社会の歴史的経緯（たとえば人口推移，産業構造の変遷など）を重視しつつ，多様なアプローチを駆使した地域社会の全体像の把握が可能となるのである．

これまでの地域調査の先駆的業績として，筆者は島崎稔らによる「川崎調査」（1987）の成果を挙げたい．

3. まちづくりと地域調査学習：「地元学」のすすめ

上記で紹介した地域調査としての社会調査は，自治体が総合計画等のまちづくり計画を作成する際，コンサルタント会社等に依頼して行う場合が多く，主権者である地域住民は「調査対象者」になっても，「調査者」になることは少なかった．

しかし，近年「協働のまちづくり」を標榜する自治体の多くが，地域住民が参加できるワークショップ型の地域調査を実施するようになってきている．そこでは，「まち（地域社会）の課題発見」や「まちの課題解決」のための住民ワークショップが行われており，そのような活動を筆者は「地域調査学習」と呼んでいる．

地域調査学習の方法には，これまでいくつかの「手法」が紹介されているが，筆者は「地元学」を紹介したいと思う．

地元学とは，「西の吉本，東の結城」といわれた2人の人物（吉本哲郎と結城登美雄）によって，ほぼ同時期（1990年代初め）に提唱された地域調

査学習の方法である．特に吉本による地元学では，「ないものねだり」から「あるもの探し」へ，をキーワードとして，よそ者である「風の人」とその地域社会に暮らす「土の人」が協働して「あるもの探し」を行い，その成果を写真に記録して絵地図を作成しながら共有し，さらに地域社会の財産として共有していくというプロセスがある．

　筆者も，これまでにいくつかの自治体で学生たちと「風の人」として地元学実践に参加したことがある．以下，筆者がある町で経験したエピソードを紹介したい．

　その町の1つの集落は，10数軒の小さな集落だったが，ほとんどの住民が70歳以上の高齢者だった．そこで「風の人」として学生たちと地元学に参加して，集落内を歩きながら「あるもの探し」をしたのだ．学生たちにとってもいろんな珍しい発見があり，写真を撮りながらこれは何か，あれは何か，と「土の人」に質問を浴びせていた．その中に，崩れ壊れた木造の鳥居があった．神社らしき小さな建物の前に，見るも無残な姿だった．学生がそれを見つけ，なぜここに神社があるのかと質問した．「土の人」の1人が，ここは戦後開拓の集落で，自分たちが15軒ほどで集団入植した土地であること，入植当初にみんなで神社を建て鳥居を奉納し，子どもたちが育っていく中では御神輿担ぎやお祭を行ってきたこと．しかし，子どもたちが大人になり，町を出て行って戻ってこなくなり，何戸かが離農して集落を去り，今はみんな高齢になり農業をしなくなってきたこと．そして，いつのまにかお祭だけでなく，みんなで神社に集まることもなくなってしまったこと，等を語ってくれた．こうして，その日の地元学は集落の開拓の歴史と神社のお祭の話が中心になっていった．それから数か月が経ち，役場の職員からこんな連絡が来た．それは，来月その集落で神社に新しい鳥居を奉納するので見に来てほしい，ということだった．奉納祭には参加できなかったが，その後数年間，学生たちと一緒にその集落を毎年訪ねるようになった．そして，ある人がその様子を見聞きして，「集落の人々に地域への誇りが復活した」と言われたが，まさにそのとおりだと感じた．地元学実践を通して，身近にあっ

たのに忘れてしまっていたかつての開拓の歴史を再確認し，自らが苦難を乗り越えて，その歴史を生み出してきたのだという誇りを取り戻したのだと思う．

> **今日の課題**
> 自分の故郷や住んでいる自治体の歴史や構造を調べてみよう！

参考文献
中筋直哉「地域が歴史を創り出す歴史が地域を造り出す」(森岡清志編『地域の社会学』有斐閣アルマ，2008)
森岡清志編『ガイドブック社会調査』(日本評論社，1998)
原田勝弘・水谷史男・和気康太編『社会調査論：フィールドワークの方法』(学文社，2001)
島崎稔・安原茂編『重化学工業都市の構造分析』(東京大学出版，1987)
吉本哲郎『地元学をはじめよう』(岩波ジュニア新書，2008)
結城登美雄『地元学からの出発』(農山漁村文化協会，2009)

第5章
なぜ，地域が大切なのか

1. 地域が見直される理由

　序章でも述べたが，今まさに地域が見直されている最大の理由は，近年頻繁に起こる地震等による災害である．まず阪神淡路大震災（1995年1月17日）で，その重要性が見直された地域は，東日本大震災（2011年3月11日），そして2016年4月14日および16日に発生した熊本地震，さらに北海道でも2018年9月6日の北海道胆振東部地震とその後のブラックアウトを経験し，ますます危機意識が高まりその重要性を増している．

　本章では，改めて地域社会の重要性を以下の3点に整理して説明していく．
①地域における「安心・安全」――防災・防犯のまちづくり
②地域における高齢者の「生涯現役」――高齢者自身が担い手に
③「地方消滅」と持続可能性――人口減少を前提としたまちづくりへ

2. 地域における「安心・安全」

　第1には，地域における「安心・安全」としての「防災まちづくり」「防犯まちづくり」の重要性である．地震や津波による家屋の破壊だけでなく，そのことによって停電や断水，ガス供給停止等，ライフラインの遮断が生じた時，私たちの日常生活は大きな困難を強いられる．

　想像してみてほしい．そのような状況になった時，あなたは自宅で日常生

活を続けられるだろうか．食事は，トイレは，お風呂は，情報は．そして，北海道などの寒冷地は，特に冬期間にこのような災害が発生した時，いったいどうしたらよいのだろうか．序章の独身サラリーマンなら，どうするだろうか．

そんな時，頼りになるのが「遠くの親戚より近くの他人」である．ライフラインの遮断が短時間であれば，個人や家族だけで備蓄品や買出し等で凌ぐことは可能である．だが，火災になったり家屋の破壊がひどくなったり，復旧まで長期になることが想定されるならば，誰もが指定避難所に避難しなければならなくなるだろう．もちろん，車で移動することはできない．したがって，その際もっとも重要なのは近隣に暮らす人々との助け合いなのである．

しかし，災害が起こった時にはじめて避難所で出会っても，知らない者同士ではなかなかスムーズに助け合うことはできないだろう．まさに日頃からの近所付き合いが重要なのであり，それが「防災まちづくり」の第一歩なのである．

日本の地域社会には，ほとんどの地域に地縁をベースにした町内会・自治会という地域住民自治組織がつくられている．もちろん強制的に加入しなければならない組織ではなく，任意組織ではあるが，全国的には80％以上の世帯が加入しているという．しかし，大都市部では加入率は低く60％以下の地域も多い．さらに加入（会費納入）していても，参加意識の低い幽霊会員も多い．しかし，上記のような災害への「地域における安心」という視点からも，今こそ「防災まちづくり」に取り組む町内会・自治会の活動を再評価していくべきだろう．都市部のマンションなどでは，直接町内会・自治会との接点は少ないかもしれないが，マンション管理組合が組織されており，近隣の住民自治組織として日頃から機能させておく必要があるだろう．

また，東日本大震災（「3.11」）では，地域の公民館が避難所としてだけでなく，それ以前から地域住民同士の「絆の拠点」として機能しており，避難所生活や復興のプロセスの中で大きな役割を果たしたことも明らかになっている．

町内会・自治会等の活動が必要なのはもう1つ，防犯という視点がある．古くは原田謙が例示した「酒鬼薔薇聖斗」事件（1997年）や池田小学校事件（2001年6月8日）もあるが，最近でも新潟少女殺人事件（2018年5月7日）等が発生しており，日常的な「防犯まちづくり」の必要性が叫ばれている．これらの「防犯まちづくり」では，危険な「人」に注目するパトロールではあまり意味がない．新潟の事件でも，犯人は被害者と同じ地域に住む「普通の会社員」だった．したがって，危険な「場所」に注目した取り組み（パトロールだけでなく，日常的にそのような「場所」をつくらない等）が求められるのである．

近年，町内会・自治会の活動としての「防災まちづくり」「防犯まちづくり」として，「DIG図上訓練」が各地で行われるようになっている．DIGとは，Disaster＝災害，Imagination＝想像，Game＝ゲームの頭文字で，地図を用いて，あらかじめ設定された災害状況の中でどのように行動すべきかを確認していく訓練のことである．地図を用いることから，災害時の訓練のみならず，犯罪が起こりそうな危険な「場所」を確認することができ，まさに地域における「安全・安心」のために，必要不可欠な取り組みになっている．

筆者が住む札幌市でも，町内会・自治会活動として各地区で行われている．最近では，避難所となる小学校での取り組みも見られる．たとえば，2018年7月19日には札幌市立札苗小学校の5年生児童65人がDIGを体験したという．これは，児童が災害に備え日ごろから家族や友だちと話し合い，いざというときに行動できるようになることを目的に東区役所が実施したもので，DIGによる防災教育の第一人者である北海道教育大学札幌校の佐々木貴子教授の指導で行われたという．

3. 地域における高齢者の「生涯現役」

日本では，1970年に高齢化社会（65歳以上の高齢者が人口の7%を超える）に突入した後，急速に高齢化が進み1994年には高齢社会（同14%超）

となり，2007年からは超高齢社会（同21％超）となっている．さらに2040年には，65歳以上の高齢者の割合が全国平均で40％に近づくと予想されている．

そのような中，すでに65歳では高齢者ではなく，70歳以上や75歳以上を高齢者と呼ぶべきだという意見も出されてきている．そのことは，定年退職年齢や年金支給年齢の引き上げ問題等とも絡み，複雑かつ重要な論点といえるが，現在の高齢者が社会の中で「支えられる側」や「サービスの受給者」だけでいいのか，という課題は，真剣に議論しなければならないだろう．

ここで地域における高齢者の「生涯現役」を提起したのは，少子・高齢化の中で縮小する地域社会においては，健康で元気な高齢者には「生涯現役」で地域社会の担い手になってほしい，という意味である．願いというよりも，そうならざるを得ないのだという意味でもある．

つまり，今後は多くの市町村で，人口の半数以上が65歳以上という社会がやってくるのであり，たとえ年金生活者となり介護支援等の受給者となったとしても，すぐに全員が「支えられる側」「サービスの受給者」になるのではなく，高齢者自身も現役のまちづくりの担い手として活躍できる地域社会にしていこうという提案なのである．

たとえば，北海道のある町では，元役場職員だった人を中心に，高齢者の生活支援のためのNPO法人がつくられ，高齢者自身が2通りの会員登録（「利用会員」と「協力会員」）をして，活動が行われている．コミュニティビジネスとしての可能性も広がり，地域における高齢者の「生涯現役」が実践されている．具体的には，車もなく足が不自由で「買物難民」である利用会員が，低額の利用料をNPO法人に支払い，スーパーへの送り迎えと買物補助を依頼すると，協力会員である元気で車の運転できる高齢者が，NPO法人が所有する車でその業務を行い，NPO法人から少額ではあるが謝礼をもらうというシステムである．業務には，この他に夏場の草刈りや引越しの手伝い，簡単な大工仕事，冬場の除雪等がある．協力会員にはわずかではあるが収入にもなり，利用会員からの感謝や労いの言葉もあり，生きがいとや

りがいを感じているようである．実は，これらの業務は既存の介護保険制度では行うことができない「隙間の仕事」であり，多くの自治体では家族や近所の善意に支えられてなんとか成り立っている状態なのである．

したがって，これからはボランティアとしてだけでなく，コミュニティビジネスとしての可能性を見据えた，地域での高齢者の「生涯現役」への取り組みが注目される．

4.「地方消滅」と持続可能性

2014年5月，日本創成会議・人口問題検討分科会（座長・増田寛也元総務大臣）は，「消滅可能性都市」というショッキングな名称とともに，全国で実に896自治体がこの「消滅可能性都市」であると指摘し，北海道でも行政区である札幌市の10区を含む188市区町村中，約8割にあたる147市区町村が「消滅可能性都市」と指摘されたのである．このことは「増田ショック」と呼ばれ，その後の国による「地方創生」政策へと展開していった．

「消滅可能性都市」とは，日本創成会議・人口問題検討分科会の定義では，それまでの少子高齢化の進展にともなう一般的な「人口減少」論とは異なり，若年女性である「20～39歳の女性人口」の減少に視点を当て，国立社会保障・人口問題研究所の推計人口をもとに，2010年から2040年の間にこの若年女性人口が5割以上減少する市町村を「消滅可能性都市」としたのである．

すでに大野晃によって，「限界集落」「限界自治体」という言葉が一般化していたが，「消滅」とはさらにショッキングで，生まれ育った地域への誇りも愛着も失わせるような言葉であり，子どもを産み育てることができない地域社会の現状を突き付けられた思いであった．

しかし，「限界集落」「限界自治体」という言葉は，主に中山間地域を中心とする地方の農山漁村での現象として認識されていたのに対して，「消滅可能性都市」には地方の中核的な都市や東京都豊島区等も含まれており，いわゆる都市部での子育て環境の悪化（労働環境や子育て支援）にも目が向けら

れるようになったといえる．

　中心市街地の空洞化（「シャッター通り」等）の問題は，すでに1990年代後半以降顕著になっており，近年では都市の中の「買物難民」（杉田聡）も指摘されるようになっている．

　2006年の「まちづくり3法」改正以降は，コンパクトシティ化が地方中心都市で政策として進められるようになってきたが，その効果はどうなのか，疑問の声も多い．

　筆者は，今後の地域社会は経済発展重視の従来型の地域開発ではなく，人口減少を前提とした人間発達重視のまちづくりが不可欠だと考えている．そして人口が減少しても持続可能な地域社会を考えた時，そのような「我がまち」になくてはならない「モノ」があり，地域住民はその「モノ」をいかに維持していくのかを考え行動していかなければならないと考えている．現段階では，機能としての「教育」（学校・図書館・書店等）・「医療」（病院・薬局）・「通信・金融」（郵便局・銀行）・「商店」（買物）・「住民自治の事務局」は，「我がまち」になくてはならない「モノ」だと考える．そして，それらをつなぐ役割（拠点場所や担い手）が不可欠なのである．

5．「現代的地域共同体」としての地域社会

　私たちは，近年多発する未曽有の災害や犯罪によって，地域における「安心・安全」について，日々考えざるを得ない状況に置かれている．したがって，そのことは地域社会論を講じている筆者にとっては「不幸中の幸い」であり，多くの人々が地域社会での人と人との関係の重要性に気づき，何らかの活動を始めたことは嬉しい限りである．超高齢社会の到来や「消滅可能性都市」という「増田ショック」も，地域社会を見直そうというきっかけになったという点では同じであろう．

　しかし，そのことはかつての村落共同体のような地域社会を美化し，そのような地域共同体に戻れということとは全く違う．

21世紀の日本の現代社会は，成熟した資本主義の社会であり，民主主義の社会であり，高度に発展した文化・文明を有する社会である．そのような現代社会の登場は，「地域」を自覚しなくても生きていける都市社会を形成してきたのである．したがって，未曾有の災害が多発しなければ，「地域」を意識しない生活は続けていくことも可能なのだ．いや，実際には多くの人々にとって災害や「ショック」はいまだ他人事であり，地域と関わらない都市社会に疑問も不安も持っていないかもしれない．

　だからこそ，地域の大切さに気づいた人々がさらに学びあって，新しい地域社会を築いていかなければならないのだ．

　そのような新しい地域社会を本書では，「現代的地域共同体」と名付けよう．そして，その担い手となる人々がたくさん登場してくることを期待したいと思う．

今日の課題

「なぜ，地域社会が大切なのか」．3つの視点のうち自分が最も大切だと考えることを選び，説明してみよう．

参考文献

原田謙「なぜ地域が大切か」（森岡清志編『地域の社会学』（有斐閣アルマ，2008）
増田寛也編『地方消滅：このままでは896の自治体が消える』（岩波新書，2014）
大野晃『限界集落と地域再生』（北海道新聞社，2008）
杉田聡『買物難民：もう一つの高齢者問題』（大月書店，2008）
日本公民館学会編集委員会『日本公民館学会年報　第11号』（2014）
札幌市東区HP　http://www.city.sapporo.jp/higashi/news/chiku_30_7_19.html
　（2019.3.20）

補章 1
戦後の地域社会の変貌
―北海道羽幌町の公民館史から―

1. はじめに

　筆者は，近年「北海道公民館史」研究に地域社会学研究として取り組んできた．

　なぜならば，「縮小社会」と称される今日の地域社会の現状を捉えようとする際，まずはそれまでの地域社会の構造の変化を押さえたうえで，その中で地域づくりの主体がこれまでどのように形成されてきたのか．それがどのように変化してきたのか．今後，さらに「縮小社会」化する地域社会の中や外に，新たな地域づくりの主体は形成されてくるのか．形成されてくるとしたらどのような条件や環境のもとで形成されてくるのか，それらを明らかにしていかなければならないと考えるからである．

　一般的に人々が生活する地域社会に必要不可欠な要素（第 5 章の「我がまちになくてはならない『モノ』」）として，商店，郵便局，病院等の諸施設・機関や町内会・自治会等の諸団体・組織があげられるが，地域社会における社会教育施設であり，地域福祉機能を備えた地域住民自治の拠点である公民館は，地域住民にとって必要不可欠な上記の諸施設・機関及び諸団体・組織を「つなぐ」要の存在である．

　「縮小社会」の 1 つの典型である「限界集落」では，地域住民の日常的な結びつきが「バラバラ」になっていくことにより，地域への「誇りの空洞化」が加速的に進展していっており，このような「つなぐ」要である公民館

の存在は，地域社会の持続可能な発展のために今後ますます必要不可欠な重要な要素となっていくと考える．

本章では，北海道羽幌町の公民館史を辿りながら，戦後日本の一つの地域社会がどのように変貌してきたのか，公民館の形成過程を集落・公民館分館の盛衰を考察しながら明らかにしていきたい．

2. 北海道羽幌町の概要と公民館の歩み

(1) 羽幌町の概要

羽幌町は，北海道の北部・留萌振興局（元・留萌支庁）管内中央部にある日本海に面した町である．日本最北の国定公園に指定されている2つの島（天売島と焼尻島）やサンセットビーチ等の観光業，日本一の漁獲量を誇る甘エビやホタテ，タコ，ウニ等の漁業，グリーンアスパラ等の農業を基幹産業とする町であり，人口は6,993人（男3,364人，女3,629），3,606世帯（2018年12月末現在）である．

歴史的には，明治中葉以降の開拓の歴史の中で，農業，漁業を中心に発展し，1932年には国鉄羽幌線が開通し，戦時中に始まった羽幌炭鉱の採炭は戦後急速に発展し，羽幌町の基幹産業となっていった．その後，天売村，焼尻村とも合併し港湾整備も進められ，1964年には人口3万人を超えるまでになっていった．

しかし，その後の急速な社会環境の変化にともない，1970年には基幹産業であった羽幌炭鉱が閉山，さらに1986年には国鉄羽幌線が廃止されるなど，それにともなって人口も大幅に減少し，過疎化が進んでいった．現在の羽幌町は，第一次産業の基盤整備をはじめ国定公園の天売，焼尻，サンセットビーチやサンセットプラザホテルを拠点とした観光開発事業を中心とするまちづくりが進められている．

(2) 羽幌町公民館の主な変遷

　羽幌町では，1946年7月5日の文部次官通牒「公民館の設置運営について」(「寺中構想」) を受け，北海道庁が同年8月21日付で「公民館の設置運営に関する件」を道庁教育・民政・内務・経済の各部長名で各支庁・市町村へ通知した直後，同年9月に公民館設置へ向けた活動を開始している．

　具体的には，戦後直後に戦地より戻ってきた青年たちを中心に結成された羽幌政治研究会が公民館設置準備運動を開始し，それに呼応する形で1946年9月19日に町長を委員長とする公民館設立準備委員会が設置された．同年11月26日には22名の委員による公民館設置委員会が発足し，羽幌町連合青年会，羽幌青年会，乗馬倶楽部などの町民諸階層による基金造成活動が展開していった．これらの動きによって，1947年1月13日に羽幌町役場会議室に公民館を設置し，町長を館長とし職員を町役場教育係が兼務して羽幌町公民館が発足したのである．その後，同年4月に初の公選による町長選挙が行われ，渡辺賢次郎町長が館長を兼務することになる．さらに，同年12月には陣営を整えて公民館を運営していくため，公民館委員会の中から兼務として木越秀明館長と岡和田三郎公民館主事が選ばれ発令された．そして，1948年5月31日付で中井喜美雄氏が専任の公民館書記として採用され，独立の公民館施設の設置へ向けた準備が進み，同年8月1日付で「羽幌町公民館設置条例」「羽幌町公民館使用条例」が施行されたのである．

　このように羽幌町では，全国的にももちろんであるが，北海道内ではトップクラスの早い段階 (羽幌タイムス1949年4月3日付には「(公民館は) 全道で4つ」と記載) で独立した施設を持つ公民館となったが，その後財政的にも苦しいものがあった．『羽幌町史』には，「当時六・三制学校施設の整備に追われ，公民館施設整備の財政的な余裕のないさなかに発足したささやかな本館施設に拠る活動にも限界を生じ (後略)」とも記されている．しかし，独立した公民館が開館した直後の同年3月20日，当時の進駐軍民事部より「ナトコ映写機」が貸与されたことにより，公民館事業の重点は館外巡回活動へと発展していく．

1949年6月10日には社会教育法が施行され，同時に「昭和24年羽幌町条例第13号」として「羽幌町公民館条例」が策定された．また，この年から公民館主催の「羽幌町青年教育指導者講習会」がスタートしているが，青年団体のリーダーに留まらず，ここからは地域におけるリーダーが多く輩出されているという．

　このように，羽幌町の公民館は「寺中構想」に基づく「初期公民館」として成立し，青年層を中心とする高まる学習・文化要求に応えるため，「ナトコ映写機」による地域への館外巡回活動やリーダー養成が行われていったのである．そして，1950年3月31日付で中井氏が専任の公民館主事に，同年4月1日付で岡和田氏が初めての専任の公民館長に発令され，独立した施設と専任職員を有する本格的な公民館活動が展開していくことになる．

　同年8月1日には，中央小学校に併設する形で中央分館が開館．以後，1951年5月1日に新築で平分館が，1952年1月1日に朝日分館（朝日小学校併設），8月27日に築別炭礦分館（新築）が開館していった．同年11月1日には公選による羽幌町教育委員会が発足し，岡和田館長は教育委員会次長兼務となった．

　そして同年7月には，自治警察の廃止によって警察署で使用していたオート三輪車が公民館に配置されることになり，「走る公民館」いずみ号として活動することになったのである．1953年4月1日，岡和田氏は教育長に就任したが，公民館長の兼務を続けることになった．同年には，羽幌町の市街地6地区が羽幌婦人会として発足するとともに，青年学級振興法に基づく青年学級が中央・平・朝日の各分館で開催された．そして，1954年8月には羽幌町婦人団体連絡協議会が，1955年6月には羽幌町青年団体連絡協議会がそれぞれ発足し，公民館活動の中心的な担い手としてかつ地域づくりの担い手として活躍していくのであった．

　1955年4月1日には，「昭和の大合併」としてまず天売村の羽幌町への編入合併が行われた．それまであった天売村公民館は，羽幌町公民館天売分館として「羽幌町公民館条例」の中に位置づくことになった．また，同日には

新築で曙分館が開館している．1956年10月20日には，道立羽幌病院の移設に伴う施設を改築し，新たな羽幌町公民館として移転した．1957年6月には，いずみ号が老朽化したため「走る公民館」いずみ号②として小型四輪ライトバンが配備され，同年11月3日には準優良公民館として文部大臣表彰を受けた．1959年には焼尻村を編入合併したが，もともと公民館がなかった焼尻地区には，1962年1月1日に焼尻分館を役場焼尻支所に併設して開館することになった．

この間，1960年10月8日に岡和田教育長が公民館長兼務を辞したため，中井氏が公民館長代理となった．そして，1962年4月1日付で中井氏に公民館長事務取扱および教育委員会社会教育主事の発令がなされたのである．

同年1月1日には，先の焼尻分館の他，上築分館が新築されて開館している．また，同年8月10日には巡回活動の拡大に伴い「走る公民館」の大型化が行われ，いずみ号③としてマイクロバスが配置された．このいずみ号③には図書が積まれ，いわゆる移動図書館としての機能も果たすようになっていったという．さらに，1963年9月16日には全額町費による築別分館が新築され，1964年12月1日には羽幌礦分館が新築開館，そして1965年9月11日，国民年金融資を受けた鉄筋コンクリート3階建延1,761.5平方メートルの児童会館が完成し，実質的に羽幌町公民館として使用するようになり，悲願であった公民館新築が達成されたのであった．

こうして羽幌町では，1960年代後半には，当時道北随一の施設である本館と10分館プラス「走る公民館」（拠点19カ所）という公民館体制が確立していったのであった．当時の羽幌町の人口は3万人を超え，市制移行も視野に入っており，自治体としては成長発達の絶頂期ともいう時期であった．そして，新公民館の完成によってサークルづくりの機運が高まり，急速に公民館サークルが結成され活動が活発になっていったという．その後も，公民館本館を中心に文化サークルの活動は発展し，1971年8月21日には羽幌町文化連盟が創立し，1975年には羽幌町公民館サークル連絡協議会が結成されていった．

しかし，公民館を取り巻く地域社会の構造はその間大きく転換していった．1970年12月19日，羽幌炭砿鉄道株式会社のすべての炭砿が突然閉山となったのだ．これにともない，同月築別炭礦分館・羽幌礦分館は廃止された．その後の公民館活動では，1967年8月に町長部局へ異動していた中井氏が，1970年12月1日付で公民館長として発令され，1977年10月まで勤務している．この間には，1976年度からは，公民館で高齢者大学がスタートし「本科2年・大学院2年・研修科無制限」と発展していった．逆にこのころから公民館活動の担い手が青年・女性から高齢者へとシフトしてきたという．

そして1986年9月16日，これまでの公民館（児童会館）に隣接して羽幌町中央公民館が新築完成した．700人収容可能な大ホールを持ち，旧館とあわせて3800平方メートルの公民館施設ができあがったのである．

しかしその後，2000年4月1日付で，分館体制が廃止されている．1999年10月27日付の日刊留萌新聞には，「活動停滞し機能失う公民館の分館廃止 羽幌12月議会で条例改正」と題して，以下の記事が掲載されている．

　　羽幌町教育委員会は，中央公民館の分館をすべて廃止する公民館条例の改正案を12月定例議会に提案．平成12（筆者注：2000）年4月1日から中央公民館に集約する方針を固めた．過疎に伴い分館活動が停滞し機能が失われているためで，行政改革の対象として検討してきた．8館あるうち3館はすでに休館しており，廃館による住民への影響はないとしている．市街地には現在，中央，平，朝日，築別，上築，曙の6地域にそれぞれ分館が配置されている．築別と上築は単独施設がある．他の4館は集会所に併設．離島は，天売が総合研修センター，焼尻は，集会所に併設されている．中央の分館は設置されてから49年経過するのと，どの分館も地域の生活文化，人材育成の拠点の役割を担ってきたが，人口の減少に伴い活動が鈍くなってきた．また，車の普及とともに中央公民館のサークルに所属する住民も見られるなど，分館機能の低下を余儀なくされてきた．活動の停滞で分館の存在が薄れ，行革議論のなかで中

央公民館に集約すべきだとの意見が出され，町教委は分館長会議を開くなどして今後の在り方を検討してきた．中央，平，朝日の3館はすでに休館扱いとされ，残る分館についても住民から廃館はやむないとの声が出されるのと，町教委は12月定例議会に条例改正案を提出することになった．時代の流れでは分館は消えていくことになるが，いまのところ4月1日付で廃止する予定．単独館である築別，上築の分館は廃館後，集会所として利用される見込み．

　実は，分館体制の最終的な廃止は，上記のとおり2000年4月1日だが，実際には羽幌炭砿の閉山によって閉館した築別炭礦分館・羽幌礦分館を除く8つの分館も，1970年代以降，それぞれの地域社会の盛衰の中で活動の停滞を余儀なくされ，ある時期から休館状況に追いやられていたはずである．そのことと，「走る公民館」いずみ号が巡回活動を行わなくなった時期とも交差していると考えられる．

(3) 分館活動と「走る公民館いずみ号」の活躍

　すでに述べてきたように，羽幌町では戦後まもなく公民館の誕生をみたものの，公民館施設の整備はすぐには進まず，手狭な本館施設のみではその活動充実も限界があった．したがって，公民館事業の多くは館外巡回活動に依存しなければならない状況であった．

　『羽幌町史』には，「本町はへき地・小集落が多くあったこともあり，館外巡回活動は，地域の青年たちの公民館活動に対する情熱に支えられ，各地域に分館が設置され活動の拠点となっていった．」と書かれている．

　最初に分館が設置されたのは，中央分館（1950年8月）であったが，中央小学校に併設での設置であった．この経緯については記録を見つけることはできなかった．

　2番目に設置された平分館（1951年5月）は，単独の新設施設である．この経緯については，『平郷土史』に詳しく記載されている．平地区は，羽幌

町市街地から約8キロ程東に入った場所にある農村地域である．1900年前後には平青年会が発足し，仮装行列や獅子舞等の活動を行っていたという．大正期（1912年〜1926年）には平青年団と改名し，剣道や陸上競技の活動も活発になっていった．そして，1928年には活動の拠点として平青年会館を建設していた．以下，『平郷土史』より．

　　昭和20（1945）年，敗戦によって青年団は改組して昭和21（1946）年11月から男女青年を会員とする青年会が発足した．戦後青年の活動の拠点であった青年会館も昭和22（1947）年羽幌中学校平中学校分校設置時に，教育住宅に充当のため移転改築されていたので，青年会の会合は小学校の教室を借り使用していた．学校使用には種々制約があって，その活動もままならず不便をきたし，会員から自由に活動できる自前の会館建設の声が高まったのである．昭和25（1950）年，当時の青年会長，酒井松雄が会員の要望実現に奔走した．その資金は出来得る限り会員の努力で確保しようと各種賃作業に従事し，その稼働も春から秋まで続いた．しかし新築予算にはほど遠い金額であった．部落に寄付を願う外に方法はなしと考え，会長始め役員が部落の有志に会館の必要性を説いて理解を求めたのである．多額の出費であったので，最初は難色を示していたが，会員の熱意によって漸く同意を得るに至り早速建設に取りかかったのである．昭和26（1956）年の春，待望の新館の誕生を迎えることになったが施設その他備品供給の関係上，羽幌町公民館平分館として昭和26（1956）年5月1日発足することになった．

つまり，平分館は本来平青年会の青年会館として建設したのだが，資金面で平地区からの融資を受けたこともあり，施設の備品関係の整備のため公民館として支援を受けたため，名称が羽幌町公民館「平分館」となった，ということであろう．その後の分館活動では，「新館の誕生と同時に青年会活動も再び活発化し，夜学会も開かれその内容も民主教育に変り内容もディスカ

ッション的な方法が多くなって来た．また農業近代化に伴い普及所より専門技術員を招聘し講習会を開催して新しい技術の取得に努めた．女子青年も独自に講習会を開催し，生活改善，食生活改善等の幅広い自主活動を行っていった．尚公民館主催によるリーダー養成講習会が当時は毎年一週間，宿泊日程で開催していた．平青年会でも男子2名女子2名が参加した．受講後は青年会のリーダーとして会の健全運営と会員相互の親睦に努めた」（『平郷土史』）という．

　3番目に開館したのは，朝日小学校に併設された朝日分館（1952年1月）であるが，記録などは見つかっていない．

　4番目は，新築で開館した築別炭礦分館（1952年8月）である．このことについて『羽幌町史』には，「公民館運営審議会委員遠藤健次郎を中心とする，築別炭礦分館建設運動が，羽幌炭礦鉄道株式会社をはじめとした各層の協力によって実を結び，新築落成をみて開館される．」と記されている．

　5番目も，新築で開館した曙分館（1955年4月）である．これも『羽幌町史』に「地域住民の協力によって曙分館が新築落成して開館する」と記されている．

　6番目は，天売村の羽幌町への編入合併に伴う天売分館（1955年4月）の開館である．これは，元の天売村公民館を天売分館として設置したものである．

　7番目は，1959年に編入合併した焼尻村の役場焼尻支所に併設して焼尻分館（1962年1月）を設置したものである．

　そして8番目は，初めての全額町費による新築である上築分館（1962年1月）の開館である．この経緯について『上築別郷土史』には，以下のように記されている．

　　　昭和35（1960）年，上築小学校，築別小学校の2校を幌北小学校として統合するに当り，統合の話し合いの中に従来上築地域内で集会等の場合は学校を利用していたが，学校がなくなると集会場所がなくなるの

で，学校跡地に集会所に代わる公民館を施設することに合意し，町は昭和36（1961）年度予算により5間×8間（40坪）132m^{2}のブロック亜鉛鉄板平屋造りの建物を建築，昭和37（1962）年1月1日より羽幌町公民館上築分館として使用されるに至ったのが現在の公民館である．（具体的な分館活動については，）公民館ができると共に部落内の各種の行事はここで行われるようになり，まず最初に地域の成人者の成人式，農休日を設け，農休日にはみんなで卓球をしたり，本館より16mmの娯楽映画を持って来て映画会をやったり，部落ごとに講習会や懇談会を行ったりした．（中略）当時の青年会は青年会館が老朽化したので公民館を利用することにより随分と助かった．この頃青年会は試作田を作っていたので，研究会発表会や試食会を行ったり，スクエアダンス，卓球，バレーボールなどが盛んになり，心身とともに錬磨された．

9番目も，新築で開館した築別分館（1963年9月）である．『羽幌町史』には，「昭和38（1963）年6月10日全額町費による築別分館の新築工事着工．昭和38（1963）年9月16日築別分館新築工事竣工する．」と書かれており，上築分館に次ぐ2つめの全額町費で建てられた分館であることがわかる．『築別郷土史』には，「羽幌町築別分館（築別公民館）が落成したのは，昭和38（1963）年，それまでは大きな集会の場合は学校を利用し，小集合は個人の住宅が集会の場になっていた．（中略）新築落成，以後は文教活動のみならず，農事指導，婦人，部落の集合は勿論，娯楽や個人の利用も認めると共に一時は保育所としても活用し，年間利用度数150回以上にも及んでいる．」と記されているが，その経緯については詳しいことはわからない．

10番目で分館としては最後となる羽幌礦分館（1964年12月）は，『羽幌町史』に「昭和39（1964）年12月1日羽幌本坑地区に炭礦及び地域住民の協力により町費助成による羽幌礦分館が新築開館する」と記されている．

これらの分館の分館長と分館主事は，地域から選出され，定期的に分館長会議，分館主事会議が開かれていたという．小学校併設の分館では，校長が

分館長となっていた．

　このように各地域に設置された分館では，青年会や婦人会等が中心となって活発な活動が行われたが，その外にも「走る公民館いずみ号」は町内19拠点を中心に館外巡回活動を行っていった．『北海道公民館20年史』には，「昭和27（1952）年中古オート三輪車を改装し20W拡声機，200冊収能書架，講師座席3名の『いづみ号』で活動拠点19ヶ所を中心に年間走行7,000kmのエネルギッシュな活動を続けた．これが走る公民館の新語を生み，『いづみ』2号も使い古して現在のマイクロバス型の機能的『いづみ』3号に至った．それはむしろ動く公民館としての装備がある」と紹介されている．

　また，『羽幌町史』には，「加えて昭和27（1952）年，自治警察の廃止によってオート三輪車が公民館に配置換えになり，本町公民館の特色といわれる館外活動の体制を決定的なものとした．もちろん当時機動力を持つ公民館は全国的にも珍しく，その後の『走る公民館』の先駆ともいうべきで，昭和31（1956）年3月，北海道教育委員会発行の『青少年教育』において『オート三輪による走る公民館"いづみ号"の足跡』として次のように紹介されている．」と下記のように記されている．

　　このことは羽幌町公民館活動に画期的な変革をもたらした．引き継ぎを受けたときすでに走行距離1万2千km，バッテリも付いていないという状態で，6万円の修理費をかけてなんとか走れるようになったときの職員の喜びは"涙の出るような贈り物"という言葉につきている．昭和29（1954）年12万円で大改造を行い，乗車定員5名・拡声装置・録音機・発電機・移動書架（250冊収納）・幌をつけて本格的な走る公民館いづみ号になった．活動の一例を記録スライドによって紹介しよう．公民館職員2名に農業改良普及所長，保健婦が乗車して，出発．部落巡回に出たいづみ号は，「人を集めない公民館活動」「出むく公民館活動」を展開する．拡声機は明るい音楽をまきつついづみ号の来たことを知らせる．待っていた子どもたちは，家の中から，川端から，田の中から走

り出てくる．青年たちが集まってくる．木陰に停車したいづみ号は，早速子どもたちの拍手の中で紙芝居をはじめ，木立のデーライト・スクリーンではスライドが子どもを御伽噺の世界に誘う．左右の書架があけられて，青年たちは前回の図書を返本し，新しく借りる本についての指導を受けている．保健婦は一軒一軒廻って食生活や病人の相談，家族計画の相談指導を．一方普及所長は一戸一戸の圃場で，作物を前に肥培管理の仕事に当たっている．こうして大人にも青年にも子どもにも，生産，娯楽，教養，健康のそれぞれによい相談相手になっている"いづみ号"の巡回活動はこうして続けられている．北海道の町村は広い地域の沢や丘に散在する部落を多く持っている．こうした条件のなかでの公民館は，施設としての建物が単なる集会場にとどまりやすい．生活に直接的で，行き届いた公民館活動をするためにこの羽幌町公民館のいづみ号は，実績を持って大きく示唆を示していると賞賛したい．

　このような羽幌町における分館活動と「走る公民館いずみ号」とを組み合わせた館外巡回活動を中心とする公民館体制は，どのような公民館構想または計画のもと進められていたのだろうか．
　かつて羽幌町公民館に勤務していたSさん（1958年〜1964年公民館，および1964年〜1972年社会教育課，1977年〜1981年公民館長）は，「あまり記憶がないが，走る公民館の考えがあると思う．中井さんの考えでは，この町の中にひとつ公民館という拠点があって，しかも地域の人たちの要望に応えられるような施設ではない小さい施設．そのためには，公民館の機能を走る公民館という形で地域に送り届ける，というのが発想だったと思う．それを発展させて，地域，地域で拠点になるような住民が利用できる施設が必要だということで，単に公民館活動ということもあるけれど集会施設として．昔はどこかの家に集まってやっていたが，家もそんなに大きなものではなくなったりして，部落の人が集まれる施設が必要だろうということで，そういうことと相まって（分館が）できていったと思う．集会所と公民館を一緒に

しようということで，なになに町の集会所というよりもなになに地区の公民館というような形で言ったのが実態．現存の利用できる施設は利用しようということで．学校を利用できるものは学校を，新築すべきものは新築でということでやってきた．閉校した所は新築せざるをえないとかそんな理由もあった」と語っている．

また，「いずみ号」が巡回した町内 19 拠点には，分館以外に幼稚園や小・中学校，こども会館，老人福祉センター等があったという．

同じくかつて公民館に勤務していた M さん（1964 年～1997 年）は，「分館職員が，どういう所が公民館活動がきちんとしてないとか，子ども会活動が低迷しているとか，全部実態調査して活動が落ち込んでいる所に（「いずみ号」を）持っていった．1 年ごとに予算と事業計画を決めてします．」という．さらに，S さんは「分館だけではない．たとえば，畦道講座．これは仮の名前だったんですが，農村の方を集めて，畦道で農業改良普及所の職員の方と農業講座を公民館と提携して外でやったり，生活改良普及員の方を連れて行ってどこか家庭にもぐってやったりということもある．それは公民館の活動を展開する上で，必ずしも公民館の分館だけを利用したというわけではない」と語っており，まさに「『いずみ号』が停まった場所が公民館」という感じで，館外巡回活動が展開していたと見ることができる．

(4) 急激な人口減による地域社会の変貌と分館の廃止

羽幌町の人口は，1969 年の 32,095 人をピークに急激な人口減を見せた．なんと 1972 年には，15,154 人と半分以下になっている．これは，1970 年 12 月 19 日の羽幌炭坑閉山によるもので，『新羽幌町史』には「昭和 40（1965）年には築別炭砿 6,182 人，羽幌砿 3,682 人，上羽幌 2,592 人，合計 12,456 人であったが，昭和 47（1967）年には合計で 99 人となっている．」と書かれている．

炭砿の閉山後，3 万人を超えていた羽幌町の人口が半分の 1 万 5 千人に激減したと聞くと，地域社会がいかに激変しただろうかと思ってしまう．もち

ろん町の税収の減少や関連業種等の廃業，炭砿地区の小・中学校の廃校等大打撃であったが，実際には一般的に想像することとは違うようである．Sさんは，当時のことを「炭鉱の閉山は大変なことだったが，羽幌の町（市街地）は独立している．ぽーんとそこがなくなっても，羽幌の町に住んでいる人はその割に関係ない．生活にはなんにも変わりがないという感じだった．それぞれが独立して，炭鉱の人が羽幌の町に物を買いに来ることは少ないし，せいぜい飲み屋に来るくらい．炭鉱の人は，札幌直通で物を買ったりしていた」と，語っている．

つまり，炭砿のある地域は羽幌町の市街地から10km以上離れた山の中にあり，そこに1万人を超える人々が暮らす炭砿の町があり，その町が閉山と共に消えたと考えるとわかりやすいだろう．炭砿の町には，他にも映画館等の娯楽施設もあり，1つの生活圏として羽幌町の中で独立していたのである．

しかし，それでも羽幌町市街地や農村部には炭砿関係とつながりのある人々も多かったはずである．市制施行の計画も幻となり，町の財政悪化やその後に続く離農等による人口流出や国鉄羽幌線の廃止（1987年3月30日）等，地域社会の大きな変貌への先駆けであったことは間違いない．その後，農業と漁業を基幹産業とする羽幌町は，北海道内の他の農山漁村地域と同様に若者の都市部への転出や農山漁業の不振・衰退とともに，さらなる人口減少が進行していく．それは，分館が置かれている農山漁村部で顕著であった．

図補1-1，表補1-1は，分館設置地区の人口の推移である．

2005年段階で，農山漁村部の集落はほぼ崩壊しており，2007年にはすべての小・中学校が市街地の各1校に統合されている．

このような中，羽幌町公民館の分館体制も2000年4月1日付で廃止となったのである．しかしそれは，すでに述べたように制度的なことであった．

それでは，分館活動と「走る公民館いずみ号」を中心とする公民館活動は，いつの段階でその幕を下ろしたのであろうか．

1977年4月～1981年3月まで公民館長だったSさんは，何代目かのマイクロバスだったか覚えていないが，在任中確かに「走る公民館」として「い

補章1　戦後の地域社会の変貌　　　　　　　　　　　　　　73

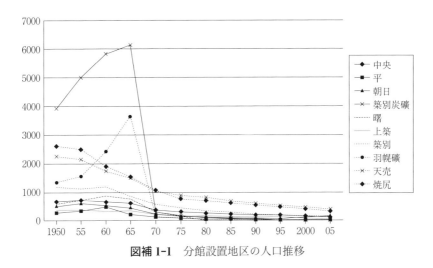

図補 1-1　分館設置地区の人口推移

表補 1-1　分館設置地区の人口推移（実数）

年次	1950	1955	1960	1965	1972	1975	1980	1985	1990	1995	2000	2005
中央	676	728	670	629	393	322	281	240	214	190	161	123
平	271	347	493	225	147	103	67	61	44	33	25	20
朝日	548	621	549	464	243	197	156	148	129	143	122	192
築別炭礦	3,950	5,010	5,840	6,182	2	11	3	3	2	2	0	0
曙	601	729	887	755	306	176	136	110	74	53	38	32
上築	388	384	339	362	219	165	179	167	143	125	101	81
築別	1,185	1,119	1,195	868	587	471	367	312	248	204	171	118
羽幌礦	1,358	1,581	2,426	3,682	55	3	1	1	0	0	0	0
天売	2,260	2,154	1,743	1,512	1,030	892	823	690	607	530	476	398
焼尻	2,621	2,510	1,921	1,552	1,073	777	713	630	547	487	414	340

出典：町勢要覧資料編（2010年版）および『羽幌町史』『新羽幌町史』をもとに作成．

ずみ号」を使っていたという．一方，1981年4月〜1983年3月まで公民館長だったTさんは，巡回文庫と称してマイクロバスの「いずみ号」に図書を積んで地域を廻っていたことは記憶していたが，それを「走る公民館」と当時呼んでいたかは記憶がないという．これに対して，1964年〜1993年まで公民館職員だったMさんは，「（後の頃には）『走る公民館』という事業としてはなかったが，事業としては青年教育とか婦人教育で，その中に巡回講

座があって，その時に用いる車が『走る公民館』というか『いずみ号』で，その位置づけは今（筆者注：当時）も変わっていないと思う．今でも曙で映画会をやれば，当然，巡回講座として曙で映画会をやるのに車を向ける．車自体それはずっと『走る公民館』でないのかな」と語っている．

　このように，「走る公民館」がいつから行われなくなったのかを特定することはできなかったが，1980年代には公民館の事業名からは消えていたようである．しかし，「いずみ号」という車自体は現在（調査時の2010年段階）でも羽幌町中央公民館に配置されており，地域からの要望や公民館からの働きかけがあれば，「走る公民館」として使用することは可能なのかもしれない．しかし，現実には地域集落の崩壊による分館活動・地域活動の低迷によって，段々と「走る公民館」への地域からの要望が減少していったこと，そして1965年の羽幌町公民館（羽幌町児童会館）の新築によって公民館本館施設を利用するサークル活動が活発になって行ったことと，さらに1986年に大規模施設である現・羽幌町中央公民館が開館することによって，公民館活動は「出向く公民館活動」（『新羽幌町史』）からサークル活動中心・施設中心の「集める公民館活動」へと変化していったといえよう．

3．まとめ

　本章では，羽幌町における公民館のあゆみをその形成期から成立期にかけて概観し，そこで取り組まれてきた分館体制や「走る公民館」による館外巡回活動の展開，地域社会の変貌によってそのような公民館体制が崩壊していく様子，そして当時の公民館活動の担い手たちについて，その実態を資料や新聞，当事者への聞き取り調査などから明らかにしてきた．

　そこには，戦後直後という困難な時代を生き抜こうとする人々や地域社会の発展に主体的に対応しようとする人々と，それを支える公民館活動が力強く展開していた．しかし，現在の羽幌町の公民館活動からは，当時の面影を見ることができない．近代的なデラックスな施設である羽幌町中央公民館は，

その後の地域社会の急激な変貌や近年の少子・高齢化とさらなる人口流出の中,「集める公民館活動」すら縮小せざるを得ない状態であるといえる. 2003 年には, 羽幌町文化連盟と羽幌町公民館サークル連絡協議会が合併して, 羽幌町文化協会に統合している. また最近（筆者注：2010 年頃）では, 羽幌町女性（旧・婦人）団体連絡協議会も解散したという. 青年活動については, 羽幌町では 1985 年頃までは青年団活動が行われており, 羽幌町連合青年団も存在していたが現在では消滅しているのである.

しかし, 近年の「縮小社会」における地域社会が抱える課題は, 単なる人口減少ではなく, 65 歳以上高齢者が人口の 5 割を超え, 社会的共同生活が成り立たなくなる「限界集落」が増加していることに象徴される. それは, 都市部や市街地においても同様であり, 車という移動手段を自ら持つことができなくなった高齢者にとっては,「買物難民」と呼ばれる現象が生じている. また, 代々受け継がれてきた伝統芸能や文化等の継承者がいなくなった集落では, 地域への誇りすら消えていこうとしているように感じる.

まさに, これらを人と人とをつなぐことによって支えていくのが公民館の役割であり, 基礎自治体の役割なのである.

第 5 章で提起した「現代的地域共同体」を築いていくうえでも, 公民館が果たす役割は大きいのだが, 地域社会の急激な変貌はそれを許さない状況もつくりだしている.

※本章は, 拙稿「『縮小社会』における地域社会の持続可能な発展に関する一考察（その 1）：『北海道公民館史』を手がかりに」（北海学園大学開発研究所『開発論集』第 87 号, 2011.3）を再構成したものである.

参考文献
『公民館のあゆみ』（北海道教育委員会, 1949 年 3 月）
『北海道公民館 20 年史』（北海道公民館連絡協議会, 1969）
『北海道公民館 30 年史』（北海道公民館協会, 1984）
『羽幌町史』（羽幌町, 1968）

『新羽幌町史』(羽幌町，2001)
『羽幌の文化』(羽幌町文化連盟，1983)
『上築別郷土史』(上築別郷土史編集委員会，1993)
『平郷土史』(平郷土史編集委員会，1991)
『築別郷土史』(築別郷土史編集委員会，1986)
『羽幌町青年教育指導者講習会資料 青年団体運営の手引』(羽幌町公民館編，1960)
「羽幌町公民館焼尻分館規定」
「分館組織図」
「羽幌タイムス」(1948年から1956年までの公民館関連記事)
Sさん，Mさん，Tさんへのインタビューによる聞き取り調査 (2009年8月26, 27日，11月16日・羽幌町中央公民館)
羽幌町ホームページ　http://www.town.haboro.hokkaido.jp/

第 2 部　地域社会と政策

第6章
地域社会と子育て支援

1. 地域社会の政策とは

　第2部では，第1部で論じた地域社会の構造（地域社会の変容）から生じた諸課題を克服していくために，国・自治体が政策として取り組んでいる施策，そしてそれに呼応して，または批判して，独自に地域社会で住民たちが主体的に取り組んでいる施策を取り上げ，それらを地域社会の政策として整理していく．

　国の政策と自治体の政策が対立することや国・自治体の政策と地域からの政策が対立することも多い．たとえば，公害問題に対する国の政策と自治体の政策との対立等が挙げられる．

　まず最初に，本章では，子育て支援について取り上げる．

2. 子育てと地域社会

(1) 高度経済成長による子育て環境の変化

　地域社会の原型としての村落共同体では，大家族や村落内の共同によって子育てが行われており，子どもたちは多くの兄弟姉妹や親戚，近隣の大家族たちの中で育っていた．したがって，女性は出産時の短期間のみ日常の共同労働から離れるが，すぐに共同労働に復帰するのであり，子育ては母親のみで行われることはなく，村落共同体の共同活動の1つとして子育てが行われ

ていたのである．

　しかし，戦後の高度経済成長期に「集団就職」等で，多くの農村から首都圏（東京，横浜等）・中京圏（名古屋）・近畿圏（大阪，神戸）等の大都市圏へ若者が移動した．その後結婚して家庭を持つようになると，大都市圏の郊外に団地が造成されるようになり，1960年代～70年代半ばには，家族形態が夫婦と子どものみの核家族が一般化していった．つまり，核家族化が進行したのである．

　そして，核家族化の進行によって，「男は仕事，女は家庭」という「夫婦性別役割分業」が確立し，大量の専業主婦が生み出されたのである．

　そのことは，まさに地域社会での子育て環境を大きく変化させた．大都市郊外の団地には，村落共同体が有していた子育ての共同はなく，専業主婦となった母親が孤独な環境での子育てを強いられ，70年代後半には地域社会の中での核家族の孤立が社会問題として指摘されるようになっていく．そして，社会学の研究テーマにもコミュニティ論やコミュニティ形成論が議論されるようになり，地域社会の衰退がクローズアップされていった．

　網野武博は，そのような核家族における母親による「限定的な一面的な育児」を「単相的育児」と呼び，村落共同体等での「複相的育児」と対比させた．

　筆者は，ちょうど1970年代後半から80年代にかけて東京・三多摩地域にある大学で社会学専攻の学生として生活しており，近くの多摩ニュータウンでの子育て環境の変化について見聞きしていた．また，多摩ニュータウン近くの児童館に週1回通って子どもたちの「お兄さん」として活動していた時期もあり，学童保育所を併設していた児童館での活動を通じて，そのような「単相的育児」の実態を把握していた．

(2) 家族の変質とその後の子育て環境の変化

　ここでは，高度経済成長によって地域社会が大きく変貌した1980年代以降の家族形態の変化とその後の推移を時系列に整理していくとともに，その

第6章 地域社会と子育て支援　　　81

後の子育て環境の変化を考察したい．

　まず80年代に顕著になったのは，「未婚化・晩婚化」現象である．ここでは，結婚観の変化が大きな要因として挙げられる．「結婚規範」の衰退だとも指摘されている．

　実は，筆者自身も1986年に結婚しており，「未婚化・晩婚化」現象の同世代といえる．筆者は未婚でも晩婚でもなかったが，当時の周りの状況を振り返ると確かに「未婚化・晩婚化」現象が多く見られた．そして，同世代の仲間たちの中では，結婚する前に一緒に棲むこと（同棲）が，それほど抵抗感なく行われるようになっており，「できちゃった婚」という言葉が流行したのもこのころであった．したがって，「結婚しなければならない」という「結婚規範」の衰退についても，そのとおりだったと実感している．

　さらに，90年代は「未婚化・晩婚化」だけでなく，「既婚夫婦の出生率の低下」が顕著になっていった（図6-1）．「1.57ショック」と少子化について，センセーショナルに取り上げられたのは1989年であった．1人の女性が一生の間に出産する子どもの数を表す合計特殊出生率が2以上（実際には2.07

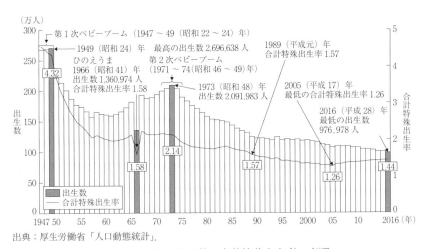

図6-1　戦後の出生数・合計特殊出生率の変遷

以上)でなければ，自然増減による人口は維持できない．日本では，高度経済成長が終わる70年代後半以降，合計特殊出生率は2を割り減少しつづけていたが，多くの国民がその現状を認識したのが「1.57ショック」であった．しかし，その後も低下が進み，ついに2005年には最低の1.26を記録したのである．したがって，このことは核家族すら否定することを意味しており，「家規範」の衰退を意味する．このような家族の多様化は，「個人化した家族」と呼ばれている．

　その後，合計特殊出生率は若干持ち直しているが，現在でも2.07以上には遠く及ばず，1.57すら回復していない．少子化は，ますます深刻になっているのである．

　このような80年代以降の子育て環境の変化について，安河内恵子はその要因を以下の5つにまとめている．

　　①子ども数の減少——少子・高齢化
　　②世帯構成の多様化——単身・夫婦のみ世帯の増加
　　③援助してくれる親族の減少
　　④有配偶有子女性のライフスタイルの多様化
　　⑤意識の変化——女性の生き方の多様化

　1つ目は，子ども数の減少である．データによれば，日本では1997年に年少人口（0歳〜14歳）比率と老年人口（65歳以上）比率は逆転し，その後も老年人口比率が増加しつづけており，2040年には年少人口比率は10%を切り，老年人口比率は40%に近づくことが予想されている（人口問題研究所）．このように，子どもは社会の少数派になっているのであり，そのことは子育て環境を変化させる大きな要因となる．

　2つ目は，世帯構成の多様化であり，単身・夫婦のみ世帯の増加である．つまりそのような多様化の中では，子どもがいる世帯は社会の少数派となり，それらの世帯の要求は少数派の要求に過ぎなくなっていくということである．

　3つ目は，援助してくれる親族の減少である．少子化が長期に渡ってくると，親世代自身も一人っ子であったり，いとこがいなかったりと，頼りにな

る親族が減少していく．また，高齢化の進展で子どもの祖父母である親の親は，ちょうど自らの親（子どもから見て曾祖父母）の介護をしなければならない時期とも重なり，ますます親族による援助が減少することになる．

4つ目は，女性のライフスタイルの多様化である．特に女性が職業を持ち，結婚・出産後も仕事を続けていくことは当たり前というライフスタイルが増えており，専業主婦であっても女性の就業意欲は強くなっている．

5つ目は，女性の意識の変化であり，生き方の多様化である．つまり，結婚せず仕事でのキャリア形成を重視する生き方，結婚しても出産しない生き方，子どもが生まれても仕事を続けていく生き方などなど．これらが，子育て環境を変化させる要因にもなっている．

(3) 子育て環境の変革と子育て支援政策

このように，1990年代にかけて子育て環境の貧困化がますます進み，「育児の空洞化」（網野武博）とも言われるようになっていった．かつての地域社会が有していた共同体（村落共同体等）による相互扶助が衰退し，それに対応する自治体による行政サービスが強く求められたのであるが，なかなか個別に迅速に対応してくれるものにはならず，地域での助け合い，支えあいの取り組みも活発になっていったのである．

したがって，90年代には子育て環境の変革とさまざまな形での子育て支援が必要となり，そのため国や自治体，そして地域社会からの政策（子育て支援）が具体的に展開していくのである．

3. 子育て支援政策とは

すでに述べてきたように，少子・高齢化（合計特殊出生率の低下，人口減少）や子育てをめぐる価値観の変化等があり，それまで子育ては地域社会が担ってきたが，近年では子育て機能を果たすことができなくなってきたという背景がある．

国の政策としては，1994年12月に「エンゼルプラン」（文部，厚生，労働，建設の4大臣合意「今後の子育て支援のための施策の基本的方向について」）が策定され，さらに1999年12月に「新エンゼルプラン」（大蔵，文部，厚生，労働，建設，自治の6大臣合意「重点的に推進すべき少子化対策の具体的実施計画について」）が策定された．具体的には，少子化対策として子育て支援政策（子育てサークル＝新しい地域集団，保育所・幼稚園の子育て支援センター化等）を，各自治体に求めたものであった．

　一方，自治体の政策では，国の「エンゼルプラン」を先取りして，すでに先駆的自治体では具体的な子育て支援システムが行われている．たとえば，北海道帯広市では1993年に子育て支援システム実行協議会を発足させ，市内の公立私立保育所間のネットワークをつくり，「帯広方式」と呼ばれる「子育てハガキ通信」「サークル支援」等をスタートさせていた．

　さらに，地域社会からの政策として，基礎自治体単位または広域で子育てに関係する人々が「子育てネットワーク」という組織をつくっていったことがあげられる．ここでは，ネットワークでの活動を通じてお互いの支援の在り方や子育て環境の改革，行政への政策提言等を行っていった．基礎自治体単位の「子育てネットワーク」として，大阪府貝塚市の公民館を中心にした取り組みが先駆的な事例として挙げられる．

4. 子育てサークルから子育てネットワークへ：子育てネットワークは発展する

　ここでは，地域社会からの具体的な子育てネットワーク活動の事例として，「さっぽろ子育てネットワーク」の結成までと結成後の発展について紹介する．

　さっぽろ子育てネットワークは，1995年5月に発足した民間の組織である．すでに1993年頃から北海道大学教育学部社会教育研究室に事務局を置く「札幌社会教育を語る会」が，札幌市内の子育てサークルや子育て支援に

関わる人々を対象に学習会を開催しながら，ネットワークの必要性を確認しつつ準備を進めてきた．15のサークル・団体と150人の個人が会員として参加し，「子育て，親育ち，子育ち」をキャッチフレーズに，札幌市内で子育て支援に関わる人々と子育てサークル等支援を必要とする人々がつながるネットワーク組織として発足し，現在も活動している．

　筆者も，準備段階からメンバーとして参加し，発足後は組織の運営委員の1人として関わってきた．以下は，さっぽろ子育てネットワークの発足へつながる当事者たちの意識や活動内容の変化，そして発足後5年ほどの間に展開していったネットワーク活動の発展過程と当事者たちの意識の変化について，筆者が段階的に整理したものである．

　ゼロ段階（苦悩の段階）
　子育て中の母親が周りに悩みを相談できる親や親戚，仲間もなく子育てに悩みながらも，夫にも相談できず一人悩み苦しんでいる段階である．ある母親は，お正月に夫の実家に帰省した時，夫や義父母の前で不満を爆発させてしまい，それでやっと夫が子育てに協力してくれるようになったと話している．また，同じように子育て支援に関わる人々（保育士，学童保育指導員，保健士，教師等）も，日々自分が担当する子どもたちや母親との関わりや支援の仕方などについて，個別に悩みを抱えながら，同僚や上司等に相談できず悶々としている段階である．

　第1段階
　母親たちが地域の中で同じ悩みを抱える親同士としてつながり，悩んでいるのは「私一人じゃない‼」と感じることができる段階である．つまり，子育てサークルづくりがこれにあたり，お互いの思いを共有しあい学びあう関係がそこに生まれてくる．「エンゼルプラン」で示された「子育てサークル（新しい地域集団）」とは，まさにこれである．

　一方，子育て支援者では，個々の同じ子どもや母親の子育て支援に関わる

人々が，個々の場面でつながる段階である．

第2段階

　第1段階でつくられた子育てサークルは，子どもの年齢（産み月）がほぼ同じ母親たちのサークルである．したがって，そのメンバーだけとの交流で留まっている限り，そこで交わされる子育て情報には限界が生じてくる．第2段階は異なった年齢の子育てサークル同士が情報共有的につながる段階であり，子育てサークルのネットワーク化という段階である．ここでも，お互いの経験や思いを共有しあい学びあう関係が形成される．

　一方，子育て支援者では，この段階では職域や縄張りを超えて情報共有的につながる子育て支援のネットワーク化が行われていく．

第3段階

　子育て支援者と子育てサークル等，子育て支援を必要とする人々がつながる段階が第3段階である．さっぽろ子育てネットワークは，そのようなプロセスを経て結成された．

　子育て支援者と子育てサークル等，子育て支援を必要とする人々とのネットワーク組織がつくられると，そこではそれぞれの組織・団体，個人が持っている地域での子育て情報のネットワーク化が図られることになり，お互いの情報を共有しあい学びあう活動が展開していく．

第4段階

　地域での子育てネットワークの活動が展開すると，それぞれの組織・団体，個人が持っていた地域での子育て情報だけでは，地域・社会の子育て環境全体を把握することができないことに気がついていく．そこでメンバーが協働して，地域・社会の子育て環境を調査し，現状把握をしようと試みることになる．さっぽろ子育てネットワークでは，札幌市内の子育て環境の調査を行い，その結果を1996年度に『子育てハンドブック』として発行している．

このように第4段階は，子育て環境を調査するネットワークの段階と呼ぶことができる．

第5段階

地域・社会の子育て環境を調査し現状把握することで，地域社会のさまざまな問題点や不足している点，そして課題が明らかになってくる．この段階は，そのような地域社会の課題を解決していくために，まちづくりへ向けて行動する段階である．たとえば，さっぽろ子育てネットワークは1999年に札幌市子育て支援課と意見交換を行う等，積極的に市への政策提言を行うようになり，子育て環境の改善を進めている．このように第5段階は，行動するネットワークの段階と呼ぶことができる．

さっぽろ子育てネットワークでは，これらを通じて自らの「親育ち」の実感が生まれ，子ども自身の「子育ち」の実感も生まれていった．そして，「教師育ち」や「地域育ち」も感じるようになっていったという．

今日の課題

子育て支援の政策は，どうあるべきか．当事者意識に立って考えてみよう．

参考文献

高橋勇悦・大坪省三編『社会変動と地域社会の展開〈第二版〉』（学文社，2007）

網野武博「家族及び社会における育児機能の社会心理学的分析」（社会保障研究所編『現代家族と社会保障』東京大学出版会，1994）

安河内恵子「子育てと地域社会」（森岡清志編『地域の社会学』有斐閣アルマ，2008）

貝塚子育てネットワークの会『うちの子よその子みんなの子 本音の付き合い，だから20年続いている』（ミネルヴァ書房，2009）

さっぽろ子育てネットワーク http://www.sapporo-kosodate.net/rireki.html

第7章
地域社会と学校

1. 学校と地域社会

(1) 共同体の持つ教育機能と近代公教育制度

　村落共同体の時代には，学校という制度はなかった．「ムラ」の中では，大家族制と近隣社会の共同生活の中で「ムラ」の伝統や文化の伝承が，長老から年少者・子どもへと行われており，共同体の存在自体が教育機能を有していた．一方，支配階級であった武士には藩校や昌平黌（幕府）等の子弟教育の場がつくられ，町人たちの寺子屋も子弟教育の場となっていた．しかし，それらの子弟教育の場はあくまでも私的な存在であり，国家による子どもの教育への介入としての学校制度は，近代公教育制度の成立をまたなければならなかった．

　国家による子どもの教育への介入は，いち早く産業革命を成し遂げ，近代を特徴づける「大工場」による労働形態（労働者が1つの空間に集められ，一斉に分業に従事する）の成立が，そのきっかけとなった．

　イギリスでは，工場法（1802年に成立し，1819年改正．1833年法で雇い主の義務として教育条項）による労働時間の制限と9歳以下の子どもの雇用禁止が，近代公教育制度成立へのスタートであった．1833年からは，民間団体によって運営されていた学校に国が補助金を出すようになり，その後1880年には就学義務が成立していく．

　一方，フランスでの公教育制度成立のきっかけは，フランス革命（1789-

1799）であり，1791年にフランス憲法が制定され，全市民を対象とした共通の無償教育制度をつくることが述べられていた．しかし，フランス革命の混乱の中それらはすべて廃案となり，フランスで公教育が成立するのは，産業革命が進んでいった1881年の小学校・幼稚園の無償化までまたなければならなかった．

このように，産業革命を成し遂げた「大工場」では，労働時間の制限や子どもの雇用禁止が進むとともに，体系化された知識や科学技術を取り扱う能力が求められていき，近代公教育思想とも相まって，近代学校教育制度が成立していったのである．

日本では，1868年の明治維新以降，急速に近代化・工業化を進めるため，1872年には学制が制定され，すべての子どもが通わなければならない近代公教育制度がスタートしたのである．しかし，当初学制のもとつくられた学校は，それまでの「ムラ」の範域を無視する形で学区が区分されたり，学校の設置や維持管理費用を学区の住民に負担させたり等，国家が強制的に学校建設を地域社会に義務づけたため，反対する地域も多かった．そこで，1879年の教育令以降は，「ムラ」を基礎として学校設置や維持を進めるようになった．それにより，やっと学校設置が地域社会に認められ，「ムラ」として学校建設や維持への費用や労働力を提供していくようになっていった．この頃の学校は，「ムラ」によって支えられ，「ムラ」の文化センターであり，教師は「ムラ」の数少ない知識人であり，子どもだけでなく親や地域社会の人々に対しても進んだ文化を伝達する役割を担っていたのである．

しかし，日本の学校教育は，1873年の徴兵制と相まって，富国強兵・殖産興業への基礎となるものであった．それは，1889年の大日本帝国憲法の公布，1890年の教育勅語の制定と相まって，臣民となった国民をその後の戦争へと突き進ませていったのである．

(2) 戦後日本の教育改革と教育委員会制度

第二次世界大戦後の日本は，1946年11月3日の日本国憲法公布により，

民主化が次々に進められ，1947年には教育基本法の公布・施行，そして学校教育法が公布・施行され，6・3制の義務教育制度がスタートした．教育行政も，1948年7月15日に公布・施行された教育委員会法に基づき，公選による教育委員会制度がスタートした．これは，義務教育は国が直接行うのではなく，地方自治体の一般行政からも独立した公選による教育委員会が，つまり地域社会が責任を持つべきとの考え方からつくられた制度といえる．戦前の天皇主権の憲法と教育勅語を否定したうえで，「ムラ」を基礎とする地域社会（基礎自治体）が自らの子どもたちの教育に責任を持って，学校教育を進めていくという制度であった．

しかし，高度経済成長が始まると戦後民主主義への「反動化」により，教育行政の中央集権的な方向への変化が起こり，1956年には教育委員会法が廃止となり「地方教育行政法」が制定され，教育委員会制度公選制から首長による任命制となり，国による教育への介入が進んでいく（1958年には「試案」として学習指導要領が出され，その後「法的拘束力」を持っていく）．

こうして，高度経済成長にともない，地域社会が大きく変貌していく中で，学校は地域社会とは無関係に，人々に全国共通の教育内容を提供するとともに，義務教育以降の上級学校へ地域社会の子どもを送り出す役割を強めていったのである．

(3) 学校はいま

それでは，現代社会において学校は地域社会とどのような関係を持っているのだろうか．たとえば，昔のような村落共同体は崩壊したとはいえ，地方の農村（農業従事者を中心とした集落が存在している地域）では，少なからず親の仕事である農業に将来自分も就きたいと考える子どもたちが存在するであろう．また，親や地域社会の大人たちの中にも，この地域で育つ子どもたちから，将来農村や農業の担い手が育っていってほしいという願う人もいるだろう．さらに，都市部の商店街や町工場が集中する地域でも，親の仕事に将来自分も就きたいと考える子どもたちが存在するであろうし，商店主や

町工場の経営者である親や地域社会の大人たちの中にも，将来家業の担い手が育っていってほしいという願いがあるだろう．

つまり，農業者や商店主・町工場の経営者，そして何らかの熟練をもつ労働者が世代的に再生産されるしくみ＝子どもたちが親と同じような仕事を通じて地域社会を支えていく見込みを持てることは，とても重要なことであり，そのためには子どもたちが通う学校を地域社会で大人たちが支えていかなければならないはずである．一方，郊外の新興住宅でも1970年代には，新しい街での子育てを考える人々による新しい活動（たとえば，学校づくり運動や図書館・公民館づくり運動，高校増設運動等）が活発に行われていた．

しかし，80年代以降の学校をめぐる問題は，大きく展開していく．まず80年代初めには，「校内暴力」が社会問題となった．そして，90年代には「学級崩壊」，そして「いじめ」の蔓延と「いじめ」を原因とする自殺が大きな社会問題となっていった．

このような中，大学進学での受験が「受験戦争」とたとえられるようになり，学歴社会の弊害が大きく指摘されるようになる．そして，80年代後半以降「生涯学習体系への移行」（臨時教育審議会）が叫ばれ，「ゆとり教育」の必要性が強調され，2002年から「ゆとり教育」をスローガンとする学習指導要領がスタートしたのである．

しかしその後，2007年12月に発表されたPISA（学習到達度調査）の結果から，「ゆとり教育」による「学力低下」の批判が起こり，教員資質の向上や「ゆとり教育」見直しが指摘されていった．そして，2011年度からは「脱ゆとり教育」による学習指導要領がスタートしたのである．

また，90年代以降は地域的階層的な移動が激化することによって，地域の公立学校に単純に子どもを通わせない（学校を選択する）親たちも出現し，逆に「学校選択制」を取り入れる基礎自治体も出現して，「学校に選ばれる子どもたち」も生み出されている．この「学校選択制」は，1997年に文部省（現・文部科学省）「通学区域の弾力的運用について（通知）」がその動きを後押しし，全国に広がっていった．特に2001年にスタートした品川区で

の取り組みが注目され，その広がりに影響を与えたという．2003年には学校教育法の一部改正が行われ，「市町村教育委員会が就学すべき小学校又は中学校を指定するに当たって，あらかじめ保護者の意見を聴取すること」等が定められた．北海道でも江別市が2005年度から「学校選択制」を実施している．しかし，現在では都市部でも地域全体の少子化によって，学校の統廃合等が行われるようになり，そのような活動が新たに起こっていくことが困難になっている．

　近年の少子・高齢化の急激な進行は，全国的にも学校の統廃合を加速させており，地域社会と学校との結びつきは，ますます希薄なものになっている．特に北海道での学校統廃合は，近年ますますスピードを増しており，2015年度中に廃止された学校の総数は，幼稚園31，小学校36，中学校12，高等学校3の計82校となっている（2018年3月31日付．北海道教育委員会発表）．つまり，それだけ森岡清志がいう学校区としての地域空間は拡大し，地域社会は拡散しているのである．

2．地域社会と学校をめぐる政策

　このように，地域社会と学校との関係が希薄化していく中で，地域社会と学校をめぐる政策はどのように展開しているのだろうか．

　国の政策としては，1980年代後半からの「生涯学習体系への移行」は，戦後の教育改革に続く大きな政策転換だったといえる．「ゆとり教育」（2002年）ともつながる生涯学習政策として，地域社会と学校に関わる政策が行われ，「学社連携」や「学社融合」の考えのもと，学校開放事業や学校教育の中に地域の人材が参加する総合的学習の時間等が行われていく．

　また，学校経営に地域住民が参加する学校評議員制度は，2000年度より法制化された．さらに2004年度からは学校運営協議会制度が導入され，親や地域住民が学校経営を担うコミュニティ・スクールが誕生していった．そして，2003年には学校教育法施行規則の一部改正により，各市町村教育委

員会が，地域の実情に即しあらかじめ保護者の意見を聴取して学校選択制を導入できるようになったのである．

　一方，「ゆとり教育」の見直しへ向けて全国学力テスト（2008年〜）が始まり，教員免許更新制度（2009年度〜）も開始された．そして，2011年から「脱ゆとり教育」がスタートする．

　さらに，2008年度から学校支援地域本部事業が始まり，学校を地域社会が支えていくことが強調されるようになり，2017年度からは地域学校協働本部事業へと学校と協働する地域社会が求められていくのである．

　自治体の政策としては，学校選択制を取り入れるか取り入れないか，学校評議員制度やコミュニティ・スクールを導入するかしないか，そして学校支援地域本部事業，さらに地域学校協働本部事業を行うか行わないか等，国の政策との関係での対応が多い．しかし，このように国の政策を受け入れる場合，当該自治体にそれを担うことができる人材（たとえば，学校と地域社会のコーディネーターとなる人材）が存在するか，そのような人材が育ってきているのか等，が重要な鍵となっている．一方，学校選択制については学区という地域空間が喪失することになり，地域社会への影響が懸念された．

　また，自治体独自の政策として，かつて北海道の多くの自治体で行われていた山村留学（都市部の小・中学生が長期間親元を離れ，農山漁村で生活し，その地域の学校に通うこと）が挙げられる．山村留学には，「親子留学」「里親留学」「留学センター方式」の3つの形態がある．北海道では「里親留学」が中心であったが，近年は学校の統廃合や地域社会の崩壊等により，里親となる地域住民が確保できなくなる等，行われなくなった事例も多い．一方，芽室町の上美生地区での山村留学は「留学センター方式」で取り組まれ，上美生地区の学校を留学生受け入れによって維持することで，住民たちの主体的な地域づくりへとつながり，その後留学生家族の移住者も増えている．

　地域からの政策としては，学校区単位の地域社会での通学合宿（子どもたちが親元を離れ，地域の社会教育施設などで一定期間宿泊しながら通学すること）の取り組みが挙げられる．北海道深川市音江地区と音江小学校の取り

組みとして，2002年から道立青年の家で行っている「イルムの里づくり通学合宿」や本別町が中央公民館で行っている「ほんべつ元気学宿」(本別小学校，勇足小学校，仙美里小学校)，恵庭市での通学合宿の取り組み（当初は恵庭小学校のみ．現在は，複数の小学校で取り組んでいる）等が挙げられる．

　筆者が2002年の発足から2008年まで学生たちと直接関わっていた「イルムの里づくり通学合宿」では，音江小5年生全員が毎年6泊7日の通学合宿を行うことだけでなく，親や関係者以外の地域住民も積極的にその期間青年の家で活動したり，訪問したりすることで，「イルムの里」と呼ばれている音江地区の地域づくりを進めていこうと取り組んできた．そして，毎年継続していく中で，卒業し中学生，高校生，大学生・社会人となっていった子どもたちも，毎年その期間に青年の家を訪問してくれるような「イルムの里」を創っていこうと考えたのである．

　また，統廃合で廃校となった校舎を新たなコミュニティの拠点につくり直そうという活動も，地域からの政策として挙げることができる．

　最後に，地域社会にとって学校とはいったいなんだろうか．地域づくりの担い手形成にとって，学校の果たす役割とはなんだろうか．皆さんに考えてほしい．

　筆者は，持続可能な地域社会を考える時，「今ある学校をなくさない！」と主張している．なぜならば，地域を持続させていくためには，出生率を上げて子どもの数を維持していかなければならないが，合計特殊出生率の目標値を掲げて，乳幼児の子育て支援策をいくら充実させても，地域社会の持続可能性は見えてこないからである．

　持続可能な地域社会には，地域ごとの学校の存在・存続が不可欠なのだ．小学校，中学校の義務教育学校はもちろんだが，特に高等学校は自治体が持続していくうえで不可欠な存在だと考えている．なぜならば，地域で生まれ育った子どもは，まさに地域社会の子どもとして，地域の中で暮らし，地域の学校に通い，地域の文化や歴史を吸収して成長していく．それが15歳ま

でだけでなく 18 歳まで，ほぼ成人に達するまで地域社会がその成長に関わることで，人間としての人格形成が地域社会を通じて行われたことになり，そこに「故郷意識」が生まれてくるだろうと考える．そして，大学や就職で故郷を離れたとしても，いつかは故郷へ帰りたい，故郷で暮らしたいという「故郷意識」を持ち続けてくれると考えるからである．

　したがって，高校を今後も維持していくことを考えるならば，自治体として今ある複数の小学校・中学校を維持していかなければならない．また，当該小学校・中学校を学区とする「私たちの地域空間・地域社会」と位置づけ，地域住民自身が学校を維持する努力をしていかなければならないのだ．

　そのためには，「地域社会とそこで暮らしている人々の実態把握」が不可欠であり，第 4 章で詳しく紹介した「地元学」や「T 型集落点検」（徳野貞雄）等の手法を使った学区ごとの地域住民自身によるワークショップの実行が，重要かつ不可欠だと考える．なぜなら，地域住民自身が共同・協働で行った実態把握から明らかにした地域の課題は，必ず地域住民自身の共同・協働で解決していかなければならなくなるからである．

今日の課題

皆さんが経験した小学校，中学校の生活の中で，地域社会との関係や地域社会の歴史や文化を学ぶ機会としてどのような経験をしましたか．

参考文献

斉藤利彦・佐藤学編『新版　近現代教育史』（学文社，2016）
大久保武・中西典子編『地域社会へのまなざし』（文化書房博文社，2006）
森岡清志編『地域の社会学』（有斐閣アルマ，2008）
徳野貞雄・柏尾珠紀『T 型集落点検とライフヒストリーでみる家族・集落・女性の底力：限界集落論を超えて』（農山漁村文化協会，2014）

第8章
地域社会と超高齢社会

1. 高齢化と地域社会

　第5章で述べたように，日本では1970年に高齢化社会（65歳以上の高齢者が人口の7％を超える）に突入した後，急速に高齢化が進み，1994年には高齢社会（同14％超）となり，2007年からは超高齢社会（同21％超）となっている．さらに2040年以降には，65歳以上の高齢者の割合が全国平均で40％に近づくと予想されている（図8-1）．
　一方で，割合だけでなく高齢者の量的増加も目まぐるしく，2000年は2,201万人だったのが，2005年は2,567万人，2040年には3,920万人と予想されている．
　したがって，割合だけの変化を見ていくと，地方の人口減少が著しい市町村で高齢者が増加していくように感じるが，実は量的増加が著しいのは，東京や大都市圏なのである．たとえば，札幌市の現在の人口は約190万人で高齢者率が約20％であるので，量的に高齢者は現在約38万人いることになる．2040年には人口は約180万人と若干減少するだけだが，高齢者率は約40％になると予想すると，量的には高齢者は約72万人いることになる．現在の実に2倍近くに高齢者の数が増えることになるのだ．
　さらに，第6章でも述べたように，1970年代に核家族が一般化した日本の家族形態は，近年さらに変化し，「夫婦のみの世帯」または「一人世帯」が一般的になってきたのであり，特に高齢者は「夫婦のみの世帯」または

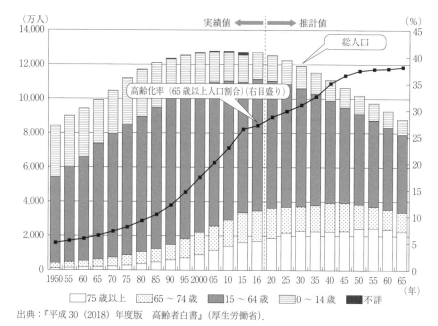

出典：『平成 30（2018）年度版　高齢者白書』（厚生労働省）．

図 8-1　高齢化の推移と将来推計

「一人世帯」が圧倒的に多くなっている（図 8-2）．このようなライフスタイルの変容は，地域社会にも大きな変化をもたらしてきている．

　先にも述べたように，東京や大都市圏では高齢者率のみならず，量的にも高齢者はいっそう増加しており，特に「夫婦のみの世帯」の増加が著しい．つまり，大都市圏ではまず核家族が誕生して子どもが未婚のうちは一緒に暮らしているが，子どもが結婚・独立すれば，同居せずに「夫婦のみの世帯」となり，その後「一人世帯」へ移行していくのである．したがって，大都市圏ではすでに「家規範」が衰退するとともに，家族規範としても「夫婦家族」が一般化していると見ることができよう．

　そのことは，つまり「家族による扶養」＝「日本型福祉」は，大都市圏では機能しえない状況になったということであり，近隣ネットワークとしての地域社会の重要性がますます増加しているのである．

第8章 地域社会と超高齢社会

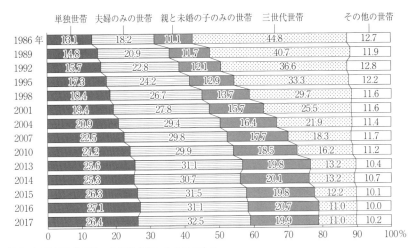

注1：1992年の数値は，兵庫県を除いたものである．
 2：2016年の数値は，熊本県を除いたものである．
 3：「親と未婚の子のみの世帯」とは，「夫婦と未婚の子のみの世帯」及び「ひとり親と未婚のみの世帯」をいう．
出典：『平成29（2017）年度 国民生活基礎調査』（厚生労働省）．

図 8-2 65歳以上の者のいる世帯の世帯構造の年次推移

2. 「限界集落」・「買物難民」が問いかけていること

原型としての地域社会（村落共同体）における高齢者は，長寿は「ムラ」の誇りであり，高齢者は「ムラ」のご意見番，知恵者（物知り）であった．そして，高齢者は地域の人々から尊敬され，伝統文化の伝達者であった．第7章で述べたように，このような高齢者の存在が，「ムラ」の教育機能として知を伝授する教育システムだったのである．

しかし，急激な高齢化は家族形態の変化（「夫婦のみの世帯」または「一人世帯」）のみならず，年金問題，医療問題，介護問題等を高齢者世帯に突きつけ，さまざまな生活課題を生じさせている．

さらに近年では，地方の中山間地域での人口減少として定義された「限界集落」や「買物難民」の問題が，大都市圏でも指摘されるようになった．た

とえば，新聞でも「老いる都市　成長に影」「東京都内に『限界集落』が広がる」（日経 2010.5.24）や「買い物難民」「消える近くの店」（北海道新聞 2010.5.27 朝刊）等と報道されてきた．

「限界集落」とは，大野晃によって定義され，過疎化などで人口の 50％以上が 65 歳以上の高齢者になり，冠婚葬祭などを含む社会的共同生活や集落の維持が困難になりつつある集落を指す言葉である．また「買物難民」とは，過疎化で商店が撤退・廃業したり，高齢で行動範囲が狭くなったりして，食料品や生活必需品の買い物に困る人々を指す言葉であり，杉田聡の著書で広く知られるようになった．

「限界集落」や「買物難民」という言葉が新聞などで頻繁に取り上げられ，多くの人々が知るようになったのは，まさに 2010 年頃であった．その頃の反応の多くは，「限界」とは失礼な言葉であるとか，「難民」というのは言葉がきつい，等であった．しかし，その後少子化の進展と急激な人口減少の実態が明らかになっていき，2014 年には「消滅可能性都市」というさらにセンセーショナルな言葉が登場するに至ると，「限界集落」や「買物難民」は，当たり前に現代社会における超高齢社会がもたらした地域社会の現状を語る言葉として使われるようになっていったと感じる．

つまり，「限界集落」「買物難民」が問いかけていることとは，「支え合う地域社会」をどう創り出していくか，なのである．第 5 章で提起した「現代的地域共同体」をいかに創り，地域福祉・福祉コミュニティを形成していくことができるか，なのである．

たとえば，2018 年 4 月 22 日の北海道新聞にも「移動販売車の運行開始　札幌・南区　コープさっぽろ　要望に対応」の記事が掲載されている．

> コープさっぽろ（札幌）は今月から，札幌市内全 10 区のうち最も高齢化率が高い同市南区で移動販売車の運行を始めた．南区の山あいの地域は食品スーパーなどが少なく，高齢者の「買い物難民」が発生しやすいことなどから運行を決めた．コープは「需要があれば車の台数を増や

していきたい」と話している．

　このように，現在では生協やスーパー等が移動販売車の運行を各地で展開するようになったのも，「限界集落」「買物難民」という言葉が問い続けてきた1つの成果といえよう．

3. 地域福祉（超高齢社会）と地域社会をめぐる政策

　高度経済成長期中の1970年，日本は高齢化社会を迎えた．そして，その3年後の1973年には老人医療費無料が実現し，「福祉元年」と言われた．しかし，同年12月の「オイルショック」によって「福祉見直し」が行われ，後に高度経済成長期の「バラマキ福祉」との批判を受けるようになった．

　したがって，その後の国の政策では，1978年に個人の自助と家庭・近隣による相互扶助をうたった「新経済社会7カ年計画」が策定され，個人の自助努力と家庭や近隣の相互扶助による社会の連帯を重視した「日本型福祉社会」が提唱されたのである．

　自治省（現・総務省）による「コミュニティ政策」は，1969年の国民生活審議会調査部会の報告書からスタートし，「コミュニティと福祉社会の実現」を求めていた．一方「日本型福祉社会」の提唱は，このような福祉国家へのアンチ・テーゼとして提起されたのであった．そして，ここでは家族・家庭における「在宅福祉サービス」が中心に位置づけられ，国民の自立・自助・連帯による「活力ある福祉社会」が目指されたのである．

　しかし，同時期は女性の社会進出が進んでいく過程とも重なり，家族による介護が期待できない状況があった．したがって，その後の「在宅福祉サービス」は，民間事業者による福祉サービスと住民参加型福祉サービスの供給が目指されていく．

　1990年には，社会福祉関係8法の改正があり，市町村による「ゴールドプラン」の作成が義務付けられ，市町村による福祉サービスの総合的体制づ

くりが目指された．

　2000年には，社会福祉法が制定され，それまでの措置制度から契約制度への移行が目指され，地域福祉が推進された．同年4月からは介護保険制度の導入が始まり，サービス供給における市場メカニズムの導入が始まったのである．さらに，2005年には介護保険法の改正により，市町村に地域包括支援センターが設置されるようになり，2008年には後期高齢者保険制度の導入が始まっていった．

　自治体の政策では，すでに1980年には東京都武蔵野市で先駆的な政策が始まっている．武蔵野市福祉公社の取り組みは，「住民参加型在宅福祉サービス活動」のモデルケースとして，その後の国の政策のモデルとなった．そこでは，住民の「有償ボランティア」による有料サービスが行われていた．

　地域からの政策としては，1995年に発生した「阪神淡路大震災」でのボランティア活動（「ボランティア元年」）が追い風となり，その後住民参加型在宅福祉活動でのボランティア・非営利活動への関心が高まっていった．そのような中，1998年に議員立法による特定非営利活動促進法（NPO法）が制定され，NPO法人も在宅介護サービス等の指定事業者となることができるようになった．以降，地域のNPO法人等がネットワークの中核となって地域福祉を進めていく事例も増えていく．

4．地域福祉としてのボランティア活動，そしてコミュニティビジネスへ

　高齢者への地域福祉活動として，ボランティア活動での「食事（配食・会食）サービス活動」がよく取り上げられる．ここでは，地域の町内会・自治会や地区の社会福祉協議会（地区社協），ボランティア団体等が協力し合って，「独居老人」と呼ばれる「一人世帯」等を訪問して，作った弁当などを自宅に届ける活動が行われている．ボランティア団体だけでは，どこにどんな高齢者が住んでいるのか，どの家のどの高齢者がどんなサービスを受けて

いるのか等，わからないことも多い．したがって，町内会・自治会や地区社協等と結びつくことによって，情報を共有していくことができるのである．そして，地域社会全体でこのような活動を支えていくことが必要なのであり，町内会・自治会とボランティア団体などとの「つながり」が重要だとされるのである．

しかし，現代社会においては，高齢者への地域福祉活動は「食事（配食・会食）サービス活動」のみならず，高齢者の多様なニーズに応えていかなければならない．それは，まさに「限界集落」や「買物難民」の出現によって生じてきたニーズでもある．たとえば，「限界集落」では冠婚葬祭などを含む社会的共同生活や集落の維持が困難となっており，葬式をどのように営めばよいのか，冬期の除雪作業はどうすればよいのか，「買物難民」になった高齢者はどのようにして買い物に行けばよいのか，などなど．新たな高齢者への地域福祉活動の必要性が突きつけられているのだ．もちろん，先に紹介した新聞記事のように，大都市である札幌市でも「買物難民」は増加しており，生協やスーパー等による移動販売車の運行等が行われている．しかし，大都市等では商売としてそのような企業によるサービスも成り立ちうるが，小規模自治体や地方都市周辺では果たして成り立ちうるのであろうか．

第5章で紹介した北海道のある町のNPO法人では，コミュニティビジネスとしての可能性も広がり，地域における高齢者の「生涯現役」が実践されていた．ここで行われている活動も地域福祉活動としてボランティアで行うのであれば，協力会員である元気な高齢者に生きがいとやりがいはそれほど強く感じられなかったかもしれない．わずかではあるが，収入を得られることが，生きがいとやりがいを感じる源だといえる．したがって，「限界集落」や「買物難民」にもボランティア活動としてではなく，コミュニティビジネスとしての可能性を見据えた活動とNPO法人等の組織化が必要不可欠なのであり，その担い手としても高齢者の「生涯現役」が注目されるのである．

> **今日の課題**
>
> 超高齢社会が進む中,高齢者の「生涯現役」が注目されているのはなぜか.説明してください.

参考文献
高橋勇悦・大坪省三編『社会変動と地域社会の展開〈第二版〉』(学文社,2007)
大久保武・中西典子編『地域社会へのまなざし』(文化書房博文社,2006)
森岡清志編『地域の社会学』(有斐閣アルマ,2008)
大野晃『限界集落と地域再生』(北海道新聞社,2008)
杉田聡『買物難民:もうひとつの高齢者問題』(大月書店,2008)

第9章

地域社会と多文化共生

1. エスニック集団と地域社会

(1) エスニック集団とは何か

　エスニック集団という言葉は，一般的には馴染みが薄い言葉であろう．エスニック集団とは，「出自や文化的アイデンティティを共有する人々の集団」といわれている．したがって，「民族」と類似した概念だとされる．しかし，単に「民族」とただ理解してしまうと，実は何だかわからなくなってしまう．実際にエスニック集団という言葉を用いる場合には，その集団がある社会（ここでは日本のある地域社会）の中に存在（在住して生活）していること，そしてその社会において他の類似した集団（ここでは日本人の地域住民）と頻繁に相互作用（摩擦や軋轢）を起こしていることが重要なのである（二階堂裕子）．

　そのようにエスニック集団を地域社会論から捉えるならば，一般的には地域社会に暮らしている外国人移住者（居住者）の集団として考えることができる．

　2019年4月からスタートする「改正入管難民法」では，新たに外国人労働者の受け入れを拡大することになり，5年間で約34万人を上限とする外国人が日本で働くことになる．

　実は2017年12月末現在，すでに日本には256万1,848人の外国人が居住しており，各地でエスニック・コミュニティを形成しているのである．法務

省の「平成29（2017）年末現在における在留外国人数について（確定値）」から在留外国人数の在留資格別内訳を整理すると，2017年末で最も多いのは「永住者」で，74万9,191人と全体の約3割を占めている．次が「特別永住者」（在日韓国・朝鮮人など，32万9,822人）で，「留学」（31万1,505人）や「技能実習」（27万4,233人）等を大きく上回っている．これらに次いで多いのは，「技術・人文知識・国際業務」（18万9,273人）となっている．したがって，永住者，留学，技能実習，技術・人文知識・国際業務の4つで在留外国人の約6割を占め，近年増加が顕著であるのもこの4つである．その他では，日系人が主流の「定住者」，技術・人文知識・国際業務など在留資格をもつ外国人の配偶者や子供である「家族滞在」，「日本人の配偶者等」と続く．

今回の法改正で，さらに多くの外国人を地域社会が受け入れることになるが，ここでは多文化共生という視点から，地域社会の政策を考えていきたい．

(2) ニューカマーの増加

日本社会に，ニューカマーと呼ばれる外国人が留学生や労働者として流入したのは，1980年代後半以降である．それまでは，戦前の日本の植民地支配の中で日本に移住し居住する，主に在日韓国・朝鮮人の人たちとその子孫が多く暮らしてきた．これらの人々をオールドタイマーと呼ぶ．しかし，ニューカマーの急増によって，1985年に約85万人であった外国人が，30数年で約3倍に増加したのである．

これらのニューカマーでは，80年代後半当初は中国籍・ブラジル籍の増加が著しく，その後フィリピン籍が増加し，近年ではベトナム籍が増加している．上記の法務省のデータでは，2017年12月末の在留外国人数（国籍・地域別）の上位5か国は，上から中国，韓国，ベトナム，フィリピン，ブラジルとなり，ベトナム籍の増加は著しい．以下，ネパール，台湾，米国，タイ，インドネシアと続くが，14.6％が「その他」となっており，日本社会の多民族化・多文化化はますます進行しているのである．

このようなニューカマーの急増は，80年代後半の「バブル経済」期に国内の単純労働力が不足したことが大きな要因であった．特に1990年に「入管難民法」の改正によって，日系ブラジル人3世までとその扶養家族が日本国内の単純労働を含むあらゆる職種で合法に就労できるようになり，ブラジル籍の日系人の入国が増加していった．その後，国際結婚（日本国籍者と外国籍者）も増大するともに，単身で来日した外国人が本国から家族を呼び寄せて家族で日本に滞在し，日本に永住することも増加していった．

　さらに「1.57ショック（1989年）」以降，日本における急激な少子・高齢化や人口減少が顕著になっていく中で，地方での労働力不足や介護労働での人材不足が深刻になった．その不足を補う面で，外国人への期待が高まったのである．1993年には，1981年につくられた外国人研修制度を変え，「学ぶ活動」である研修に加えて「労働者として」実践的な技能・技術を修得するための技能実習制度が導入され，「実習生」という名の外国人労働者が入国するようになっていった．技能実習制度は，その後2010年，2017年に改正されているが，あくまでも「実習生」であるため，さまざまな社会問題も起こっている．

　2019年4月からスタートする制度は，外国人を単純労働の労働者として受け入れる初めての制度であり，本来ならば慎重な制度設計のもと段階的に導入されるべきものであったが，政府の強い要請で見切り発車的にスタートしてしまった．このことが，今後の地域社会にどのような影響をもたらしていくのか，しっかりと点検していかなければならないだろう．

(3) エスニック・コミュニティとその可能性

　エスニック・コミュニティとは，地域社会にこのような外国人たちが集団で暮らしていく中で形成されていくものである．

　二階堂裕子は，その生成過程を「下位文化理論」（C. S. フィッシャー）をもとに説明している．1990年代以降もっとも多くのブラジル人が暮らしている静岡県浜松市では，家族滞在が増加するようになり，本国のカリキュラ

ムと同じ教育を行う学校が開校したり，ブラジル人による文化イベント「ブラジル・フェスタ」やクリスマスイベント「ブラジル・ナタゥ」を開催したりするようになり，毎年多くのブラジル人家族が参加しているという．まさに，浜松市には下位文化としてエスニック・コミュニティが形成されているといえよう．

　しかし，エスニック・コミュニティ内部にも，大きな社会的・経済的格差が生じる場合もあるという．それは，一方でエスニック・ビジネス等に成功し，階層の上昇移動を果たす者もいるが，他方には労働市場の最下層に組み込まれたまま，不安定な生活を続ける者もいるということである．

　さらに，エスニック集団とホスト社会（地域社会の日本人集団）との間のさまざまな摩擦や軋轢も生じている．たとえば，日常生活の中，不自由な日本語でコミュニケーションがうまく取れず誤解や摩擦を起こしたり，文化の違いをお互いに理解できず対立したり，そのことが環境悪化や治安の悪化につながったりと，地域社会に良からぬ出来事をもたらす原因になることである．

　しかし，二階堂は浜松市のある団地での取り組み事例をもとに，エスニック集団とホスト社会との関係について，「顔の見える関係」をキーワードにして望ましい方向を提起している．その1つめは，団地内で「外国人とのふれあいトーク」を開催することをきっかけに，日本人とブラジル人の関係に変化が生まれてきたことである．つまり，「日本人のAさん」「ブラジル人のBさん」という関係から，同じ団地の住民，同じ市民としてお互いを認識するような関係に変わってきたということである．2つめは，「外国人とのふれあいトーク」によって，団地内のブラジル人同士も新しい関係づくりが始まったということである．そして，このような対話から生まれた「顔の見える関係」を，その後もどのようにして持続・発展させていくか，が重要であるとするのである．

　さらに二階堂は，長年にわたってエスニック集団とホスト社会が協働関係を築いてきた事例として，オールドタイマーである在日韓国・朝鮮人が多く

住む大阪市生野区を事例に，多様性を活かしたコミュニティ形成の可能性として，以下の3点を条件として提起している．

第1は，両者が共通した課題を抱えていること．第2は，課題解決のために長期的な連帯が必要だということ．第3は，人々に居住地への定着意思があることが重要だということ，である．

このように，エスニック・コミュニティが形成されていくプロセスには多くの課題があり，当事者であるエスニック集団とその地域社会を構成する日本人集団（ホスト社会）が，お互いに理解し合い，共通の課題を持ち，解決へ向けて長期的に連帯して取り組んでいかなければならない．そして，それを支援する自治体の行政や市民の理解・協力も不可欠なのである．

2. エスニック・コミュニティの類型

表9-1は，現在日本に存在するエスニック・コミュニティ（外国人集住地域）を類型化したものである．

まず上段には，オールドタイマーを中心に形成されたエスニック・コミュ

表9-1 外国人集住地域の諸類型

	大都市都心型	大都市インナーシティ型	大都市郊外型	鉱工業都市型	観光地型・農村型
オールドタイマー中心型（既成市街地，旧来型鉱工都市）		大阪・京都・神戸・川崎・三河島等の在日コリアン・コミュニティ，横浜・神戸等の中華街		北九州，筑豊等の在日コリアン・コミュニティ	
ニューカマー中心型（大都市中心部から郊外や地方へ分散）	東京都港区・目黒区等の欧米系コミュニティ	東京都新宿・池袋・上野周辺のアジア系コミュニティ，川崎，横浜・鶴見，名古屋・栄東，神戸・長田等のマルチエスニック・コミュニティ	相模原・平塚市等（南米日系人），横浜Ⅰ団地（マルチエスニック・コミュニティ）	群馬県太田・大泉・伊勢崎，浜松，豊橋，豊田，大垣，四日市等の南米日系人コミュニティ	温泉観光地等（フィリピン人等），山形，福島等の町村（アジア系配偶者，アジア系研修生）

出典：似田貝香門監修『地域社会学講座1 地域社会学の視座と方法』（東信堂，2006）．

ニティが分類されている．これらの多くは，大都市の昔からの市街地や古くからの炭鉱等の鉱工業都市が挙げられている．一方，下段にはニューカマーを中心に形成されたエスニック・コミュニティが分類されている．オールドタイマーと違う新しい類型として，大都市都心には欧米系のコミュニティが，大都市の郊外には南米日系人のコミュニティやさまざまな国の出身者が混在するマルチエスニック・コミュニティが形成されている．また，観光地型・農村型として，温泉観光地等にはフィリピン人等が，山形や福島県の農村にはアジア系の配偶者や研修生（実習生）のコミュニティが分類されている．さらにオールドタイマーと同じ類型での大都市市街地では，東京のアジア系コミュニティや横浜，神戸等のマルチエスニック・コミュニティが形成されている．鉱工業都市では，群馬県の太田市・大泉町等や愛知県の浜松市・豊田市等，三重県の四日市市等に南米系日系人コミュニティが形成されている．

3. 地域社会と多文化共生をめぐる政策

国の政策としては，まず外国人の受け入れ拡大策として，1981年の外国人研修制度，1990年の「入管難民法」の改正施行，そして1993年の技能実習制度導入が挙げられる．

そして，上記のような地域でニューカマーたちのエスニック・コミュニティが形成されていき，さまざまな問題点が浮かび上がってきたのである．

そこで法務省は，2000年「第2次入管基本計画」の中で，「日本人と外国人が共生する社会」を目指すことを示した．以後，2003年外国人との共生に関する基本法制研究会が「多文化共生社会基本法の提言」を行っている．財界からも，2004年には日本経団連が「外国人受け入れ問題に関する提言」を，2005年に経済財政諮問会議が「日本21世紀ビジョン」の中で，「グローバル戦略」の1つとして「地域における多文化共生社会の構築」を謳っている．一方2006年には，総務省が「多文化共生の推進に関する研究会」報告書を受け，「地域における多文化共生推進プラン」の策定を提起している．

このように，国や財界からは当初は労働力不足の補填として進められた政策を，地域での「多文化共生」へと転換していく提起がなされてきたのである．

　しかし，人口減少による地方での労働力不足がさらに進むと，大幅な制度改正（「多文化共生」や「外国人労働者の人権保護」等）をともなわない技能実習制度の改定が政策として先行するようになり，2010年7月1日には，技能実習制度関連法の改正が施行された．主な改定点は，3年間の技能実習期間のうち従来1年目は「研修」，2・3年目は「特定活動（技能実習）」だったものが，入国後2か月間は講習を受講（内容は日本語や生活習慣等）し，講習修了後は企業との雇用契約に基づく技能修得活動に従事することが可能になったことである．さらに，2017年11月1日に外国人の技能実習の適正な実施及び技能実習生の保護に関する法律が施行され，4・5年目の実習を行う在留資格が設けられたのである．

　そして，前述したように2019年4月1日から，出入国管理及び難民認定法と法務省設置法の一部を改正する法律が施行され，これまで単純労働者としての外国人受け入れを制限する政策を行ってきた国が，新たに労働力不足が顕著な14業種（農業・飲食業・介護・建設等）で外国人労働者の受け入れを認める政策に転換したのである．

　一方，先駆的な自治体の政策では，以下のような多文化共生施策が進められてきた．

　大阪市では，1998年に外国籍住民施策基本指針を出し，「人権の尊重」「多文化共生社会（国籍や言語．文化を異にした住民が独自の文化を保持し，相互に尊重しあいながら共に生きていく社会）の実現」「地域社会への参加」を謳った．2001年に開催された外国人集住都市会議では，自治体の立場から「浜松宣言及び提言」を出し，「日本人住民と外国人住民が，互いの文化や価値観に対する理解と尊重を深めるなかで，健全な都市生活に欠かせない権利の尊重と義務の遂行を基本とした真の共生社会の形成」を提起した．さらに翌2002年には，「14都市共同アピール」を出している．

大阪府は，2002年に在日外国人施策に関する指針で「すべての人が，人間の尊厳と人権を尊重し，国籍，民族等の違いを認めあい，ともに暮らすことのできる共生社会の実現」を目指すことを示した．

1999年には，仙台市が「多文化共生推進行動計画」を策定し，2003年には兵庫県が「子ども多文化共生センター」を設置し，2004年には東海地方3県1市が「多文化共生社会づくり共同宣言」をしている．そして2005年には，川崎市「多文化共生社会推進指針」，立川市「多文化共生推進プラン」が出され，群馬県は多文化共生支援室，長野県は多文化共生推進ユニット，磐田市は多文化共生係，そして新宿区が多文化共生プラザを設置している．2006年には，足立区が「多文化共生推進計画」を策定し，愛知県が多文化共生室，美濃加茂市が多文化共生係を設置し，広島市も「多文化共生のまちづくり推進指針」を出している．そして2007年7月には，宮城県が全国初の「多文化共生社会の形成の推進に関する条例」を制定したのである．

このように，1990年代にニューカマーのエスニック・コミュニティが出現した先駆的自治体では，定住化と外国人施策の体系化，つまり国際交流から多文化共生への政策が進められたのである．政策の重点を分類すると，人権型（大阪市，大阪府）・国際型（浜松市，愛知県）・統合型（川崎市）等に区分することができる．

実は，2006年3月に出された総務省「多文化共生の推進に関する研究会」報告書で示された「多文化共生推進プログラム」には，以下のような4つの視点が示されていた．1つめは，コミュニケーション支援である．つまり日本語のできない外国人に対して日本語を教えたり，多言語で行政・生活情報を提供したりする．2つめは，生活支援である．生活者としての外国人が抱えるさまざまな問題に対して自治体としてどのように支援をするか．そして，3つめが，多文化共生の地域づくりである．外国人が地域において自立し，社会参加をしていくための地域づくりを進めることが大切だということ，また多文化共生を考える時，外国人だけに働きかけても限界があり，当然，マジョリティ側である日本人住民がどのように受け入れていくかが重要であり，

地域社会に対する意識啓発や日本人住民と外国人住民の交流を含めた地域づくりが不可欠ということ．さらに，4つめはそういった自治体の取り組みを支えていくために，多文化共生施策の推進体制の整備が不可欠であり，行政としての基本指針や基本計画の策定が重要だということである．たとえば，群馬県大泉町（4万1,876人，2017年12月末現在）には，7,585人（人口比率約18.11％）の外国の人が住んでいる．町では，言葉や文化，習慣の違う人たちがともに安心して快適な生活が送れる「秩序ある共生のまちづくり」を目指し，ポルトガル語版広報紙「GARAPA」や大泉町多文化共生コミュニティセンターなどで，外国人住民に町の情報や日本での生活ルールを知らせている．また，日本の習慣や文化を母国語で伝える「文化の通訳」登録制度なども実施している．その中には，多くの日本人住民たちがボランティアとして参加しており，その取り組みはまさに地域からの政策でもあるといえよう．

2019年度からの新たな外国人労働者の受け入れ拡大にあたっては，このような先駆的な自治体の取り組みに学びながら，地域住民一人ひとりが多文化共生をどのように受け入れていけるかが，大きな課題といえよう．

今日の課題

自分が住んでいる自治体の多文化共生政策はどうなっているか，調べてみよう．

参考文献

二階堂裕子「エスニック集団と地域社会」（森岡清志編『地域の社会学』有斐閣アルマ，2008）

高橋勇悦・大坪省三編『社会変動と地域社会の展開〈第二版〉』（学文社，2007）

似田貝香門監修『地域社会学講座1　地域社会学の視座と方法』（東信堂，2006）

山脇啓造「日本における外国人政策の歴史的展開」（近藤敦編『多文化共生政策へのアプローチ』明石書店，2011）

大泉町役場ホームページ　https://www.town.oizumi.gunma.jp/01soshiki/02kikaku/03kokusai/1288067347-3.html

第10章
地域社会とまちづくり

1. まちづくりとは

　本章では，地域社会の政策の内容を「まちづくり」とした．まちづくりの概念をはじめに使ったのは，田村明だと言われている．田村はその後「まちづくり3部作」と呼ばれる著書を岩波新書で刊行している．

　まちづくりとは，「街づくり」や「町づくり」と異なる概念であり，田村(1999)は「一定の地域に住む人々が，自分たちの生活を支え，便利に，より人間らしく生活してゆくための共同の場を如何につくるかということである．その共同の場こそが『まち』である」とした．つまり「まち」とは，本著での「地域社会」の定義とほぼ同様の意味であり，その地域社会を誰がどうやってつくっていくのか，そのためのしくみや制度はどうあるべきか，ということが「まちづくり」なのである．

　以下，「誰が」という視点から「自営業者・商店街と地域社会」を，「どうやって」「そのためのしくみや制度はどうあるべきか」という視点から「地域社会としての市町村（基礎自治体）」について論じていく．

2. 自営業者・商店街と地域社会

(1) 自営業者と商店街
　自営業者とは，地域社会での人々の生活に密着して，日常生活における消

費財・サービスを提供している自営業主（特に小売部門の業主）とその家族従業者をいう．したがって，自営業者は一般的には，商業・サービス業に属する「小規模企業者」を指す．

　彼らは，地域社会に軸足を置き，地域密着性が大きい．農村にも市街地があれば商店や文房具店，電機店，ガソリンスタンド等の商業・サービス業が存在しており，大都市にも小規模であっても商店街という特定の街区に集住する商業・サービス業が存在しているはずである．そして，このような小売業の商店等では，従業者規模が1〜2人，多くても3〜4人が一般的である．

　商店街とは，このように小規模の小売業の商店等の異業種経営が同一空間に存立し，いずれも相対的に限られた地域空間に暮らす住民が持つ日常の生活ニーズに敏感に対応して，経済活動を行う自営業者の局地的集中地域のことである．したがって，自営業者にはそのように対応する経営努力が必要である．商店街は，地域社会の中で日常的消費財やサービスの供給と需要が出会う場であり，地域住民と自営業者との間で日常的に繰り返される購買行動の場なのである．

　小浜ふみ子は，このような商店街について，毎日買い物に出かけるという住民の行動は，個別業者との間に「なじみ」関係を生み，挨拶・会話・声のかけ合いや活気は街区の商業空間に独特の空気を生み出す，と述べている．筆者も，1980年代に暮らした神奈川県相模原市では，妻とよく近所の「西門商店街」に買い物に行った．何度も同じ店で購入することで店員と「なじみ」関係ができ，買う予定がない時にも挨拶をしたり，声をかけられたり，安くするから買っていけと言われたりと，心地よい「独特の空気」を感じていた．

　しかし，1990年代以降，都心部の百貨店や郊外化した大型スーパー，モール，アウトレット，ディスカウントショップ等はもちろん，コンビニもあちこちにでき，駐車場のない商店街は「シャッター通り」と呼ばれるほど衰退していった．そのような中で，どこまで小規模経営が大型店に抵抗できるかが問われていたのであり，新たな付加価値（たとえば，地域ブランド等）

が必要となっていったのである．

このように，大都市においても農村の市街地にとっても，商店街が衰退していくなら地域社会生活の活力が低下することになり，地域社会を持続可能に維持していくうえでも，商店街・自営業者が存立していくことは必要不可欠なのである．

(2) まちづくりのリーダーとしての自営業者

では，商店街が地域社会にとって必要不可欠である理由はなにか．それは，「私の地域空間・地域社会」に不可欠な施設（場所）として商店（街）の価値があるからである．「なじみ」の関係や「独特の空気」を通して，自営業者と消費者である地域住民が，商店街という場所での生活を空間的に共有している．その事実は，筆者の経験からも実感でき，今でも懐かしい思い出である．そこには，地域社会の中で生活するうえで商店街は不可欠な場所である，という認識があった．一方，自営業者は，経営の安定確保を通して地域社会における「全日制住民」の一員として地域に定着できるのであり，自らの事業に対するプライド＝使命感＝天職意識が経営姿勢を強固にしていくのである．

このように商店が地域社会で生き残っていくためには，地域社会の活力の再生の一環として，自営業者による商店街における新しいエネルギーとボランタリーな活動の投入が不可欠であり，そのために地域との共生を強める姿勢が期待される．そして，その生き残りの条件には，地域への密着，地域生活への貢献（経済活動のみならず）が必要なのである．

たとえば，筆者が相模原市で暮らしていたころ，自営業（自動車整備）を営んでいた知人は，地区や市のさまざまな組織・団体（青少年団体，自治会，交通安全協会等）の役員になっており，「月に20日以上，仕事以外の会議に呼ばれている」と話していた．このように自営業者には，地域住民の一員として，まちづくりとしての共生と連帯の活性化運動の一環として，地位と役割に対する期待が大きいのである．

このように自営業者は「全日制住民」であり，地域社会の中で生き残っていくことが宿命であり，地域住民との共生と連帯の中で地域社会を維持発展させていくという使命感があるからこそ，まちづくりのリーダーとして位置づき，自覚的にまちづくりに取り組んでいるのである．

3. 法律で定められた地域社会＝市町村（基礎自治体）

鈴木栄太郎が定義した自然村（「ムラ」）とは，明治期の町村制で合併前の江戸時代の「行政村」であり，鈴木は戦前の農村における地域社会を「近隣集団（第一社会地区）－自然村（第二社会地区）－行政村（第三社会地区）」としていた．

しかし，このような戦前の行政村は，戦後日本国憲法（第8章地方自治）によって地方自治が保障され，第92条「地方公共団体の組織及び運営に関する事項は，地方自治の本旨に基づいて，法律でこれを定める」とされ，いわゆる基礎自治体となった．ここでいう地方自治の本旨とは「住民自治による団体自治」のことであり，地方自治法（1947年制定）で市町村の行政事務について，「多様な住民生活に対応し，生活に関わる多様な事業を行う」とされたのである．

しかし，現実には国および都道府県（広域自治体）とは，権限および予算で従属した関係に置かれたままであり，「3割自治」（予算の7割は国からの補助）や機関委任事務（仕事の4割は国の機関として委任された仕事）が機能することで，実際には都道府県・市町村は，国の出先機関のように扱われつづけた．

本来，基礎自治体は住民にとって法制度によって守られた自治の「砦」であるべきものであり，その後，1970年代，80年代のコミュニティ行政を経て，90年代には住民参加による政策決定が求められていったのである．

そして，2000年に「地方分権推進一括法」が制定され，機関委任事務は廃止されすべて自治事務と法定受託事務になり，形式的には国・都道府県・

市町村の３つの政府が対等に存在することになった．以降，自治体からは「協働のまちづくり」が叫ばれるようになり，「職員と住民の協働」「市民と行政の協働」「市民相互の協働」「パートナーシップ」等がまちづくりの目標とされるようになっていった．

　しかし，「協働のまちづくり」は掛け声だけの自治体が多いと感じている．なぜならば，筆者は「協働のまちづくり」とは，地方自治の本旨である「住民自治による団体自治」を具現化するための概念だと考えており，それは単なる「職員と住民の協働」ではなく，「『市民』としての職員」と「『市民』としての住民」であることを前提に「『市民』相互の協働」で取り組む「まちづくり」だと考えているからである．

　そのためには，「市民」の参加が不可欠になるが，この参加も単純な「参加」ではない．筆者は，林義樹の「参加の３段階理論」を援用しながら，住民の自治体政策決定への「参加」について，「参集－参与－参画」の３段階として捉えている．

　つまり，第１段階の参加とは，場にただ集まるだけの参加の状態を意味し，これを「参集」と呼ぶ．たとえば，市政懇談会や行政説明会等，市町村役場が一般市民に呼びかけて，地域の集会所で行う説明会へただ集まって話を聞くだけの参加のことである．ここへの参加は，「呼ばれて集まった」という程度に過ぎない．

　第２段階の参加とは，参加した場で個人の意見を交わし合える状態のことを意味し，これを「参与」と呼ぶ．たとえば，同じ市政懇談会や行政説明会等でも，大人数でなく少人数で，直接質問したり意見交換をしたり，参加者同士（住民・職員）が一緒に関わり合うことができる参加の状態をいう．しかし，ここへの参加も，「意見を言っただけ」という程度である．

　第３段階の参加とは，そういった場づくりを一部の人だけに任せず，参加者自らも一緒に場をつくり，必要な役割を担い合って，組織的に関わる参加の状態を意味し，これを「参画」と呼ぶ．この段階で初めて「『市民』としての職員」と「『市民』としての住民」とが「『市民』相互の協働」して，自

治体政策の決定に参加することができる．たとえば，市政懇談会や行政説明会等で出された意見を，既存の自治体政策と重ね合わせて精査し，予算や財政状況，長期展望に立ちながら具体的な政策へと昇華させていく作業に「参画」することであり，そのためには情報共有と「市民」への成長（意識変革）が不可欠なのである．

　現代における基礎自治体とは，第1章でも述べたように地域社会の最大の空間領域であり，憲法で保障された地方自治の本旨を進めていく要であり，主権者である地域住民が自ら制度としてのしくみ（条例）をつくり，実践することができる自治の単位である．したがって，「参加の3段階」を経て，制度としてのしくみ（条例）をつくることによって「協働のまちづくり」が実現していくのである．

4. 商店街と地域社会をめぐる政策

　商店街と地域社会をめぐる国の政策では，まず1973年に制定され翌年施行された「大規模小売店舗における小売業の事業活動の調整に関する法律」，いわゆる「大店法」がある．この法律は大型店の進出を規制するのではなく，大型店と地域社会との融和の促進を図るものであった．したがって，審査の内容は車両交通量等の周辺環境の変動を想定したものとなり，出店規模はほぼ審査を受けることはなかった．これによって，多くの地方都市の中心市街地に売り場面積が広い大型百貨店ができるようになり，商店街が衰退していったのである．

　そして1998年には，「まちづくり3法」が施行された．「まちづくり3法」とは，①改正都市計画法（土地の利用規制を促進する）②大規模小売店舗立地法（「大店立地法」生活環境への影響など社会的規制の側面から大型店出店の新たな調整の仕組みを定めた）③中心市街地における市街地の整備改善及び商業等の活性化の一体的推進に関する法律（「中心市街地活性化法」中心市街地の空洞化を食い止め活性化活動を支援する）の3つの法律の総称で

ある．「大店立地法」のみ 2000 年に施行され，それにともなって「大店法」は廃止された．このような「まちづくり 3 法」の施行は，自営業者たちの地域社会でのまちづくりのリーダーとしての活躍の成果ともいえ，その後の活動の支えにもなっている．

2006 年には「まちづくり 3 法」が改正され，「中心市街地活性化法」の正式名は中心市街地の活性化に関する法律と改正された．そこでは市街地の郊外への拡散を抑制し，街の機能を中心市街地に集中させるコンパクトシティの考え方が提起された．

自治体の政策では，大型店の進出による商店街の枯渇化に対するさまざまな制限や支援が行われたが，なかなか難しい状況であった．近年では，先駆的にコンパクトシティへの取り組みが行われており，青森市・富山市・福井市・浜松市等が事例として挙げられてきた．しかし，急激な人口減少により必ずしも成功しているわけではない．

5. 自治体をめぐる政策

国の政策では，まず 1995 年の地方分権推進法が挙げられる．この法律では，地方分権の推進に関する基本方針を定め，政府に対して基本方針に沿った法制上，財政上の措置を含めた「地方分権推進計画」を作成することを義務づけた．また，地方分権推進委員会を設置し，同推進委員会が推進計画の作成にあたって具体的な指針を内閣に勧告するほか，計画の進捗状況を監視し，必要な意見を内閣に提出することができることになっていた．そして，同委員会の 4 次にわたる勧告を受けて作成された推進計画にもとづき，1999 年 7 月「地方分権一括法」が成立した．これにより国と都道府県と市町村との関係は，対等・協力の方向（形式的には，国・都道府県・市町村の 3 つの政府が対等に存在することになった）に改められた．機関委任事務は廃止され，すべて自治事務と法定受託事務に振り分けられることになり，「規制緩和」と権限委譲が行われ，2000 年 4 月に施行された．しかし，財源につい

ては，自治体側は国からの財源がすべて地方交付税になることを望んだが，小泉内閣（2001年～2006年）の「三位一体の改革」により，逆に地方交付税は削減されたのだった．

一方，同年「改正市町村合併特例法」が施行され，市町村合併，市町村の広域化が求められていった．それはまさに「財政支援」というアメとムチによる合併促進となっていき，それまで3200余あった市町村が1700余市町村に再編され広域化していったのである．

また，その後聖域なき構造改革（「小泉構造改革」）が断行され，「民間でできることは民間で！」の掛け声の下，郵政民営化，道路公団民営化，「公の施設」への「指定管理者制度」導入等が行われていった．さらに，「地域でできることは地域で！」と，「自助」「共助」が強調され，医療改革，社会保障改革，教育改革等，すべてがこの流れの中で行われていったのである．

「指定管理者制度」の導入は，2004年の地方自治法改正で行われたが，「地域自治区制度」の導入も可能になった．

2009年～2012年には，政権交代により民主党政権が「地域主権」改革を掲げて地方交付税の改革等も行ったが，成果が見える前に新たな政権交代が起こり「失敗」した．2012年12月に政権奪取した自民党安倍政権は，2014年から「地方創生」を目玉政策として新たな政策を展開しているが，根本的な制度改革をともなっていない．

自治体の政策としては，国の政策に連動する形で「自治体NPM（ニュー・パブリック・マネージメント）」を進めている事例も多い．しかし，国の政策に反対する政策として，福島県矢祭町の「合併しない町宣言」（2001年10月31）等がある．

また，2001年に施行された北海道ニセコ町の「まちづくり基本条例」は，自治体の憲法とも言われる「自治基本条例」の日本で最初の制定となり，その後全国の市町村に広がっていった．「自治基本条例」は，まさに主権者である地域住民が自ら制度としてつくった自治のしくみ（条例）の要であり，「協働のまちづくり」を進めていくうえでの「道しるべ」ともいえる．

矢祭町やニセコ町等の小規模自治体は，その後「小さくても輝く自治体フォーラム」を2003年2月より開催するようになり，以後全国で年1〜2回開催されている（2018年は，第23回を6月に北海道訓子府町で開催）．矢祭町やニセコ町，長野県栄村，阿智村等など全国46町村長等が参加し，「町村の将来は自分たちで決める！」と実践交流を深めている．

　このように，まちづくりを進めていくうえで，その担い手である自営業者とその存在意義となる商店街の重要性，法律で定められた自治権を持つ「まち」＝地域社会である基礎自治体（市町村）の存在は，住民自治にとってとても大きいのである．

今日の課題

1. 地元の商店街がいまどのようになっているか，調べてみよう．
2. 基礎自治体である自分の住む市町村は，どのようなまちづくり政策を掲げているか，調べてみよう．

参考文献
田村明『まちづくりの発想』（岩波新書，1987）
田村明『まちづくりの実践』（岩波新書，1999）
田村明『まちづくりと景観』（岩波新書，2005）
大久保武・中西典子編『地域社会へのまなざし』（文化書房博文社，2006）
小浜ふみ子「自営業者たちと地域社会」（森岡清志編『地域の社会学』有斐閣アルマ，2008）
内田和浩『「自治体社会教育」の創造【増補改訂版】』（北樹出版，2011）
林義樹『ラベルワークで進める参画型教育：学び手の発想を活かすアクティブ・ラーニングの理論・方法・実践』（ナカニシヤ出版，2015）

補章2

地域社会と公民館
―北海道士別市を事例に―

1. はじめに：士別市の概要

　士別市は，北海道の北部・上川総合振興局（旧・上川支庁）管内北部にある市である．人口は，男1万249人，女1万1,494人，計2万1,743人（2011年12月末日現在．面積は，1,119.29平方キロメートル）．農業を基幹産業とするまちである．

　旧「士別市」は，1899年，最北で最後の屯田兵の入植によって開拓の鍬がおろされ，1954年7月1日に「昭和の大合併」で当時の士別町・上士別村・多寄村・温根別村の1町3村が合併し，道内20番目の市として誕生した．

　一方，1905年の御料地貸下げによって開拓の歴史が始まった旧「朝日町」は，1949年に上士別村から分村独立し，1962年に町制を施行した．

　そして，2005年9月1日「平成の大合併」により旧士別市と朝日町が合併して，新生「士別市」が誕生したのである．士別市の人口は，旧士別市が誕生した1954年が3万9,191人であったが，1961年には最高人口の4万1,218人を記録し，1962年1月1日町制施行した旧朝日町の人口6,484人を加えると，現在の士別市の市域は当時4万7,000人を超える人口であった．

　しかし，その後離農や都市部への労働力の流出などによって過疎化が進んでいった．近年では，さらに人口の減少と少子・高齢化が進んでおり，高等学校の統廃合や小・中学校の統廃合が相次いでいる．このような中，市では

「緑にあふれ，元気で活力あふれるまちの実現に向けて，潤いある都市機能の整備や快適な生活環境づくりを進めながら，定住促進に努めるとともに，合宿や自動車等の試験研究，観光・レジャーなどによる交流人口を増やす取り組みを進め」，市民みんながまちづくりに参加する基本的なルールづくりとして「士別市まちづくり基本条例」（自治基本条例）を制定（2012年1月27日制定，同年4月1日施行）し，まちづくりに取り組んでいる．

2. 現在の士別市公民館体制

2012年の士別市における公民館体制は，5つの旧町村毎の地区館（中央・上士別・多寄・温根別・朝日）と分館が各地区館ごとに1～4館（全15館）あり，地区館－分館体制になっている．ただし，中央公民館は士別中央地区（旧士別町中心市街地）を対象にするだけでなく，全市的な事業も行い各地区館の調整機能も担っている．職員体制として，中央公民館（施設は文化センター）には専任館長以下7名の専任職員（館長・主幹は文化センターと兼任）が置かれ，朝日公民館（施設は，あさひサンライズホール）も，専任館長以下7名の専任職員（地域教育課・あさひサンライズホール等と兼任）が置かれている．他の地区館は，地域選出の嘱託館長と市役所の各出張所長兼務の副館長，専任職員1名と臨時職員1名（出張所と兼務）が置かれ，分館は地域選出の嘱託分館長と嘱託主事（ただし，下士別・中多寄のみ小学校の校長が分館長，教頭が分館主事）が置かれている．運営組織として，各地区館には単独で運営審議会が設置されており，分館には分館規約などにより運営委員会等という組織が置かれている．

　北海道においては，このような公民館体制が現在も続いている自治体は珍しい．以下，これまでの調査で明らかになった士別市における公民館の歴史を辿り，なぜこのような公民館体制を維持してこられたのか，つまり士別市における公民館政策とは何なのかを明らかにしていきたい．

3. 昭和の大合併前の各町村の公民館（～1954年6月まで）

①士別町

　旧・士別町では，現・士別市中央公民館に『士別町役場公文書昭和22年公民館』（以下「公文書22」と表す）という資料が保存され，そこには1946年～1947年の公民館に関わる公文書が綴られており，非常に貴重な資料となっている．以下この資料をもとに，草創期の士別町公民館の変遷をたどっていく．

　北海道庁による1946年8月21日付の「公民館の設置運営に関する件」（道庁教育・民政・内務・経済の各部長名で支庁・市町村へ通知）を，士別町役場では8月28日付で受け取り，同年9月3日付の上川支庁長名で各町村長宛の「公民館設置運営要領送付について」の文書も受け取っている．また，9月26日付で，上川支庁長名で各町村長宛に「公民館設置について」が出されており，公民館設置について調査して10月3日までに報告するように指示している．さらに，11月20日付上川支庁長名で士別町長宛に「9月26日付照会の標記について至急御報告をお願いします」との文書も出ている．

　これに対して，11月25日付で，士別町長代理助役名で上川支庁長事務取扱宛に「文庫を設置し図書館に昇格させた後，これを基礎に拡充を行い公民館にまでもっていく方針である」としたうえで，公民館設置準備への着手については「なし」，公民館に類する適当な施設として「公会堂」を挙げ，公民館を整備するための「負担能力なし．全額補助」と記している．

　しかし，実際は『公民館30年のあゆみ』（士別市教育委員会，1977年．以下「あゆみ」と表す）には，「9月15日開催の第1回士別町社会教育委員会にて，公民館設置の件が提案審議され，公会堂に設置すべく計画樹立」と書かれており，公式記録との大きな違いを見ることができる．

　「公文書22」では，12月16日付上川支庁長名で各町村長宛に「公民館設

置状況調査について」が出され，12月25日までに調査のうえ返事をするように通知している．さらに，1947年2月7日付で，上川支庁長名で各町村長宛に「公民館設置に関する調査について」が出され，「文部省より別紙要項により報告するよう依頼があった」として公民館設置町村調査書を送付した．また，4月10日付「公民館的活動について」（上川支庁社会教育係主任地方事務官から各町村社会教育係主任へ）と上川支庁長名で各町村長宛に4月13日付「公民館の設置について」が出され，「公民館委員を速やかに選出すること．公民館長を急速に嘱託し直ちに事業を開始すること」等が示されている．ここには，北海道庁の出先機関である上川支庁が，管内の市町村に対して強く公民館の設置を求めていたことがわかる．

これに対して士別町では，4月23日付士別町長から上川支庁長宛で，「公民館設置について」で次のように報告している．「公民館設置準備委員会5月3日設置の予定，公民館委員会5月上旬設置予定，公民館館長・主事5月上旬嘱託の予定」など．しかし，「あゆみ」には，「5月26日公民館設置について議会の議決を経て具体的な計画の段階に入る」と記されている．また，「7月12日社会教育委員会を招集し公民館設置成案を得る．公民館委員23名を選出」とも記されており，「公文書22」の公民館設置準備委員会記録にも，「7月12日午後1時より公会堂に於いて開催」とあり，ここで公民館設置計画案の審議が行われたことがわかる．

次に「あゆみ」では，「9月5日公民館委員会を開催し初代公民館長を推薦，公民館条例審議．9月15日公民館長の就任，職員（2名）を任命，事務室を開設」と書かれているが，「公文書22」では，9月15日付北海道教育部長から士別町長宛「公民館調査について」が出され，「至急方本省宛に軍政部より依頼があるので，別紙に記入の上折り返し御報告願いたい」との文書がある．9月17日付で「士別町公民館館長・青沼信義専任公民館委員23名，10月1日開館予定」と回答している．そして，「あゆみ」には，「9月25日士別町公民館条例，議会において議決を得る．10月1日士別町公民館開館式挙行．図書館を併置．公会堂に併用の公民館（公会堂併設のため大会議室

のみの公民館として開館)」と記されている．一方，「公文書22」の開館式用に作成された「公民館設置経過報告」には，「（中略）そこで本町におきましては，9月5日設置第1回社会教育委員会に提案審議を願ったのでありますが，時節も長年の懸案たる男女中等学校設置が快走して，寄附金募集も具体化し，全町挙げて，これが実現を期しつつあって，公民館問題は一時保留の形に置かれたものであります．しかしながら，この設置趣旨の重要性を鑑みまして，不断に世論の喚起に努める要ありとして，関係団体 就 中，青年団・婦人会等に機会を求めて話題を提供し，又社会教育委員会自体の研究問題として努力を願い，一方町においては公会堂を之に充当すべく計画を進めて参ったのであります」と記されている．<small>なかんずく(引用者)</small>

このように，士別町公民館は1947年10月1日に開館したのであり，上川支庁，北海道庁，そして軍政部（GHQの地方組織）の強い指導によって，それが実現していった過程を伺い知ることができる．

一方，1950年からは，分館の配置が始まっている．同年3月31日には中士別分館が設置され，以下1951年3月1日に下士別分館，4月1日には川西分館（川西小学校併置）がそれぞれ設置されている．

しかし，『士別市史』（士別市，1968年．以下「市史」と表す）では中士別分館の設置場所は中士別中学校併置となっているが，「あゆみ」では中士別消防番屋転用となっていたり，下士別分館は「市史」では下士別42線東と単独施設として記され，設置日時も3月6日となっているが，「あゆみ」では下士別小学校併置となっているなど，不確定な部分も多く，分館設置に至る経緯を確認することはできない．

②多寄村

「市史」には，「昭和21（1946）年4月1日多寄小学校内に公民館を設置して，戦後の社会教育に力を注いだ」との記述がある．また，『郷土誌たよろ』（2007年9月発行）には，「（前略）中でも多寄公民館は士別市内では最も早い時期に設置された．戦後まもなくの昭和21（1946）年4月1日であ

る」と記されている．さらに，北海道公民館連絡協議会『北海道公民館20年史』には，「戦後の昭和20（1945）年青年婦人層及び一般の強い要望により公民館設立の世論がおこり村内有志の会合や公区長部落会長会議に再三はかり，ついに昭和21（1946）年当時の多寄村役場を公民館として発足することに決定したが，兼務の職員と施設備品もなく困難な中にも初代館長に小学校長の伊藤美勝氏を任命し，住民に社会教育の道を開いた．（多寄公民館主事高畑武男）」と記されている．

しかし，「あゆみ」では「公民館機構図」の公民館長履歴の中に「伊藤美勝21.4.1」の表記はあるが，別のページには，「昭和23（1948）年1.10多寄小学校内に設置」「昭和23（1948）年2.11開館式を挙行開館館長1（兼）職員1（兼）」と記されている．

だが，「寺中構想」が出されたのが1946年7月であること，また，調査の結果，伊藤美勝氏の多寄小学校長在職期間が1947年5月1日からであったことから，上記日付は誤りであろうと推測される．

では，多寄村公民館が本当に設置され開館したのは，いつであろうか．

上記の資料を総合するなら，1948年2月11日多寄村公民館開館（多寄小学校内に設置）と考えるのが適切であり，それと前後して館長伊藤美勝氏（多寄小学校校長）と嘱託主事宮川淳一氏（農業・後に市社会教育主事等）が任命されたと考える．もちろん，戦後直後から多寄村では農業青年や婦人たちが，活発な青年団活動や婦人会活動を行っていたことは推測され，そのことが公民館の設置を後押ししていたことは間違いないだろう．

「あゆみ」では，1949年4月1日に第2代館長として溝田卯市氏（地元選出）が就任したが，同年12月22日には第3代館長の荒川源遵氏が就任（～1952年11月1日まで）と記されている．そのあたりの経緯などは，記述がなく不明である．その後，市町村における教育委員会制度の発足により，多寄村でも1952年10月5日に教育委員の選挙が行われた．『郷土誌たよろ』には，「初代教育委員」として荒川源遵（公選）・石井専精（公選・補欠）の名前があり，同年11月1日に多寄村教育委員会が発足した．荒川館長の教

員委員就任により，多寄村公民館長は一時空席となり，1953年6月20日に第4代館長に石井専精氏が就任している．

③上士別村

　上士別村は，1949年8月20日に朝日村が分村（上士別村7,437人，朝日村5,551人．1948年12月現在）している．したがって，戦後直後から朝日村（当時は奥士別）住民からの分村要求があり，公民館設置は検討されなかったといえる．

　そんな上士別村に公民館が設置されたのは，1951年8月31日であり，初代館長を中田熊雄村長とする上士別村公民館条例が制定され，9月13日に上士別村公民館が上士別役場内に設置され開館した．あわせて同日付で兼内分館（兼内小学校併置）・川南分館（川南小学校併置）・成美分館（成美小学校併置）・三郷分館（三郷小学校併置）・南沢分館（南沢小学校併置）・大和分館（大和小学校併置）が設置され，9月30日に大英分館（大英小学校併置）が設置されている．

　1952年10月1日には，国府光雄助役が第2代館長に就任した．しかし，同年11月1日の上士別村教育委員会発足にともない，国府助役・公民館長が教育長事務取扱となり公民館長を辞任したため，1953年3月1日に大林信孝（民間人）が第3代館長に就任したのである．

　この経緯を上士別公民館長・照後健輔氏（1954年10月〜1957年4月まで副館長，1957年4月〜館長）は，「あゆみ」の中で「翌年（1952年：筆者注）秋教育委員会制度が出来て，私は推されて教育委員に当選したところ，公民館は教育委員会の所管だからと村長は公民館長をやめてしまわれたので，助役にお願いしたところ，その助役も教育長を兼務することになり公民館長を断られ，初めて民間人を委嘱することにしました」と記している．また，この間の公民館活動のことを『郷土誌上士別』（開基85年記念事業協賛会，1985）には，「草創期の公民館活動は主として，青年団員や婦人会を対象に講演会を開く程度のものでありました」と記されている．しかし，照後氏は

「(中略) 青年学級振興法（1953 年 8 月施行：筆者注）が出て以来急速に学習活動が盛んになり，公民館の存在が一般に浸透し理解されるようになりました」と「あゆみ」に書いている．

　一方，かつて公民館長を務めた U さんから聞き取り調査を行った．そのお話を整理すると，以下のようなことがわかった（聞き取り調査は，2009 年 3 月 3 日に上士別公民館で行った）．

　〇公民館の設置について

　初代館長は当時の村長．公民館としての部屋はなかったが，役場 2 階に大会議室があり，成人式などの行事がここで行われた．上士別村は，1948 年に朝日村が分村した．戦後，分村問題があり，公民館設置が遅れたのは分村問題が大きかったのではと思われる．

　〇青年団活動について

　戦後直後から，上士別村では青年団活動が活発だった．現・自治会と同じ数だけ青年団があった．神社も 2 つあり，お祭りを盛り上げるのは青年団の役割だった．

　〇3 代目の大林公民館長時代について

　小学校に集まって，公民館活動についての研修を受けた．小学校毎に分館活動のようなものがあった．

④温根別村

　温根別村では，1948 年 7 月 1 日に温根別村役場内に温根別村公民館が設置され，初代館長として大串利平氏（温根別中学校長）が就任した．9 月 11 日に温根別村公民館の開館式が挙行されている．

　このことに対して，かつて温根村別役場に勤務していた Y さん（元・士別市中央公民館長，聞き取り調査は，2009 年 1 月 26 日に温根別公民館で行った）は，「1948 年 7 月 1 日に，公民館の建物ができた．4 月に役場に公民館を設置し，建物が 7 月 1 日にできた．これが公民館の写真です（古い写真を見せながら：筆者注）．1948 年 9 月の写真です．看板は中学校だが，2 階

建てで下が公民館として使って，2階を中学校が使った．2階の小さい部屋が公民館の事務室．2階に教室が2つ，1階にも教室が2つ．写真に写っていないが，右側の門の看板が公民館だった．1949年に新しく中学校の建物ができた．1950年には消防署が公民館の1階に入った．1950年に新しい役場庁舎ができて，役場の2階のホールも公民館事業として使用した」と語っている．

1949年3月に刊行された『公民館のあゆみ』（北海道教育委員会）には，温根別村公民館が集会室3，炊事室，事務室を有する新築の施設であることが記されており，Yさんの話とも合致している．

1949年7月3日には，第2代館長に斎藤孝則氏が就任し，同年9月1日に白山分館（白山小学校併置）・仲線分館（仲線小学校併置）・北温分館（北温小学校併置）が設置されている．

1951年4月1日には，第3代館長として大河内光秋氏が就任し，1952年11月1日に温根別村教育委員会が発足している．1954年4月1日には，伊文分館（伊文小学校併置）・北静川分館（北静川小学校併置）も設置された．

この間の経緯について，Yさんにお聞きした．整理すると以下のように語ってくれた．

○誰が，公民館の設置を1948年に決めたのか

温根別青年学校卒の先輩が，戦前代用教員として温根別小学校に勤務した．その人が，戦争から帰ってきて，最初富良野の学校にいたが，その後温根別の小学校へ来ていた．その後役場に入ったが，この人が公民館をつくれという運動を起こした．「中学校を建てるより公民館を建てることが進駐軍の命令です」と，村長等を説得した．私（Yさん）は，1948年11月に役場に入った．その後，1949年から教育係兼務として公民館を担当した．

○青年団は，当時どうだったのか

温根別でも青年団が戦後直後復活した．温根別体育会も1948年にはあった．1948年2月22日付のスキー大会の賞状（第3回と記入）があり，その後1950年のスキー大会（第4回と記入）は公民館も共催でやっている．こ

の体育会の中心は，青年団のメンバーだった．会長の佐藤吉哉氏は，温根別村総務課長．おそらく1946年からスキー大会を行っていたことになる．

○当時の公民館事業

スキー大会やマラソン大会，芸能発表会等．中心は青年団．ナトコ映写機を山奥の地域に運んで映画会を行った．成人式も公民館で行った．1950年に役場庁舎ができてからは，成人式は役場で行った．

○公民館の組織は

館長は，温根別中学校長．「寺中構想」を充分理解していた．職員は，最初は2人だった．分館体制はなかったと思う．動きとしてはあったが，合併前に分館として設置していたかどうかわからない．1948年に公民館ができた頃の公民館委員会は10人の委員．青年団・婦人会等の地域の代表，顔役．委員手当等はない．選出は，各組織の代表．選挙なし．専門部はなかった．1949年の社会教育法制定後，公民館委員会が運営審議会委員に代わったが委員は10人．選出母体は，体育会，文化協会，青年団，農業団体等．専門部の必要性を感じなかった．体育会や文化協会もあった．青年団の力も強かった．社会教育委員と兼務だった．当時，士別町でも運審と社会教育委員が兼務だった．1952年に村教育委員会が発足し，公民館担当が3人となった．

Yさんのお話しには，「分館はなかった」等，事実と矛盾することもあるが，当時の温根別村での活発な公民館活動の様子は充分伺い知ることができる．

なお，この期間の旧・士別市全体の公民館活動の特徴として，「あゆみ」には以下のように記されている．

　　（前略）2．独立日本再建の希望に燃え，戦後の全く荒廃した国家社会復興の悲願を公民館に託され，民主主義思想の普及と住民活動の拠点を相言葉に，全国津々浦々に公民館建設の必要性が提唱されていたものの，当時の社会教育への理解はうすく，貧乏財政と社会の封建性にはば

まれて，幾多先駆者の血みどろの努力が各地にくり広げられた．そして，次第に民主的行政上，市町村に必要な教育住民施設として存在が認められてきた．3．士別町として，青年・婦人会の組織づくりが活発化し，民主主義移行へのディスカッションや講習会，講演会等の開催が多くなされた．4．生活改善への動きがおこり，冠婚葬祭や台所の改善を呼びかけた．5．ナトコによる視聴覚教育を行い，話し合いの場を見いだそうとつとめた．6．（中略）農村地域では青年・婦人の演劇がとくに目立った．△この期間は民主主義社会移行のため職員は日夜活動を行うも学習の深まりはみられず，単なる娯楽面の行事がほとんどであり，公民館が行う指導に行き詰まりを見せていた．

4．士別市としての公民館の変遷（1954 年 7 月～2005 年 8 月まで）

1954 年 7 月 1 日，「昭和の大合併」により士別町・上士別村・多寄村・温根別村 4 町村が合併し，士別市（旧・士別市）が誕生した．

合併の前提として，旧町村に置かれていた公民館はすべて地区館（ただし，名称は○○中央分館．「あゆみ」には「副館」という言葉も使われている）となった．したがって，当初は，士別市公民館－地区館として中央分館（旧・士別町公民館）・上士別中央分館（旧・上士別村公民館）・多寄中央分館（旧・多寄村公民館）・温根別中央分館（旧・温根別村公民館）と称するようになり，初代館長には梅沢源吾氏（旧・士別町公民館長）が就任し，他のすべての地区館の館長を兼ねることになった．この体制は，1957 年 3 月 31 日まで続き，中央以外の各地区館には副館長が置かれていた．

同年 10 月 15 日には，中央地区（旧・士別町）に武徳分館（武徳連合会館内併置）・南士別分館（南士別小学校併置）・西士別分館（西士別小学校併置）が設置された．一方，「市史」には，同日旧・上士別村に中央分館・兼内分館・川南分館・成美分館・南沢分館・三郷分館・大英分館が各小学校に設置されたと記されている．1955 年 10 月，中央地区では下士別小学校内に

地区からの寄付で下士別分館を新築している．

　1957年4月1日からは，各地区館に専任館長を置き，士別市中央公民館・士別市上士別公民館・士別市多寄公民館・士別市温根別公民館と称するようになった．「あゆみ」には，「（各地区館は：筆者注）専任館長を任命して独立公民館となる」と記述されており，それまでの地区館（または「副館」）は，いわゆる本館としての地区公民館ではなく，その地区の中央分館という位置づけだったのであり，この年初めて士別市としての地区館－分館体制の公民館体制が成立したと見ることができる．ただし，なぜこの時期にこのような公民館体制の変更を行ったのかについては確認できていない．

　その後，旧・士別市では分館の設置が相次いで行われていく．1958年は4月1日に多寄公民館中多寄分館（中多寄小学校に併置），12月22日に中央公民館中士別分館を中士別7線東2青年研修所にそれぞれ併置した．1960年には，4月1日に多寄公民館東陽分館（東陽小学校に併置），4月18日に温根別公民館湖南分館（湖南小学校に併置）が設置されている．

　一方，1966年6月30日に士別市中央公民館が新築された．鉄筋一部2階建の503m^{2}の建物であったが，士別市図書館が併設され郷土資料室もあり，公民館部分は事務室，応接室の他，わずかに研修室1室と会議室1室のみであった．同年8月14日，中央公民館下士別分館が下士別42線に独立館として新築（老人クラブ・季節保育所併設）されている．

　1968年3月31日には，多寄地区の東陽小学校が廃校となり，東陽分館は，旧校舎を利用した独立分館に位置づけられるようになった．

　「あゆみ」には，「昭和43（1968）年走る公民館『やまびこ号』の機動力を得て，一層活動範囲も広域にわたり，全市的に分館まで出向いての移動公民館が現在（1976年度：筆者注）なお継続されている」という記述があり，同年4月から中央公民館に「走る公民館やまびこ号」が配置され，分館への移動公民館を実施していたことがわかる．

　1969年3月31日には，上士別地区の三郷・川南・大和小学校の各小学校が廃校となり，旧校舎利用した独立分館となった．同年10月18日，上士別

出張所新築とあわせて上士別公民館が一部転用することになり，さらに1971年9月3日には，老人クラブを併設した上士別公民館が新築されている．

　1970年3月31日，中央地区の南士別小学校と上士別地区の南沢・大英小学校が廃校となり，旧校舎を利用した独立分館になったが，同日の小学校廃校にともない温根別公民館北静川分館と湖南分館は廃止になっている．

　1971年9月5日，上士別地区川南分館が独立館として新築され，1972年3月31日には中央地区の川西小学校が廃校となり旧校舎を利用した独立分館になった．1973年3月31日には，温根別地区仲線小学校が廃校となり，旧校舎を利用した独立分館になったが，1974年3月31日，伊文小学校の廃校にともない温根別公民館伊文分館が廃止となっている．

　1975年9月27日には，中央公民館南士別分館が老人クラブを併設した独立館として新築になっている．同年11月29日，温根別公民館が生活改善センターの新築とあわせて一部転用するようになった．

　1977年3月31日発行の「あゆみ」には，当時の地区館－分館体制について，中央公民館－下士別・武徳・中士別・川西・南士別・西士別の6分館，上士別公民館－兼内・川南・成美・三郷・南沢・大和・大英の7分館，多寄公民館－中多寄・東陽の2分館，温根別公民館－白山・仲線・北温・伊文・北静川・湖南の6分館，が記されている．

　その後，1978年4月1日には，中央公民館南町分館と北町分館が設置されたが，結局新たな分館設置はこれが最後となった．

　1979年7月には，中央公民館を市民会館内に併置することになった．これは，中央公民館と併設していた図書館を拡充・充実させるためであった．そして1996年10月1日には，新しく市民文化センターが開館し，中央公民館はここに併置されたのであり，士別市においては結局，中央公民館として単独の独立施設が設置されることはなかったのである．

　その後，1997年4月1日には，中央公民館南町分館が廃止されている．

5. 旧・朝日町の公民館の変遷（〜2005年8月まで）

旧・朝日町も，1949年8月20日の上士別村から分村問題があり，戦後直後には公民館設置は行われていない．

1954年6月朝日村公民館条例を制定し，同月4日に公民館本館を役場に設置し，同月8日には村内6小学校に分館を設置した．

1959年10月には，朝日村役場と朝日村公民館とをあわせた総合庁舎が建設された．

『北海道公民館20年史』（北海道公民館連絡協議会）には，「昭和29(1954)年6月社会教育振興を図るため，公民館を設置した．その後婦人会，青年団活動が活発化するに従い，公民館建設への要望が高まり，昭和34(1959)年10月に役場と公民館とを併せ総合庁舎として建設され，各種講座，サークル活動を実施，分館（4館）を中心とした巡回映画，講座等農村地域における生活，文化向上を図ると共に各種団体の設立推進，育成強化に努めてきた」と記されている．

そこには，「さらに公民館活動の高揚を図るため，中央公民館を昭和43(1968)年度に建設する」と書かれているが，現実には中央公民館ではなく福祉センターが役場と渡り廊下で結ばれ，2階に議会が入るという複合施設として1968年10月に建設され，そこに公民館本館が置かれたのである．さらに，1971年5月1日には旧開発局岩尾内ダム建設事務所を教育センターとして譲り受け，そこに公民館本館を移転している．

この間，1962年1月1日に人口6,484人の朝日町は町制施行している．また，1966年12月1日には岩尾内ダム建設にともなう住民立ち退きのため上似小学校が廃校となり，同分館が廃止された．さらに1967年3月31日には，岩尾内ダム建設による水没によって似狭小学校が廃校となり，同分館が廃止されたのである．

『続朝日町史』（士別市，2008年）には，「分館は，ダム建設に伴う似狭・

上似狭小学校の廃校により，昭和42（1967）年度以降は壬子・茂志利・三栄・登和里の4分館となり，壬子生活改善センター・茂志利住民センター・三栄婦人ホーム・登和里婦人ホーム等が各分館の拠点施設とされるようになった」と書かれている．

1994年4月1日には，朝日町サンライズホールが開館し朝日町公民館の本館もそこに移転した．その間，1987年3月31日に茂志利小学校が休校となり，1990年には三栄小学校，1991年には壬子小学校，そして1994年には登和里小学校が休校となり，ついに1997年には上記4校がすべて廃校となっていった．したがって，朝日町にはこの段階で町内で小学校が1校だけになってしまったのである．

『続朝日町史』には，「その後，昭和62（1987）年12月には登和里コミュニティーセンター，平成10（1998）年4月には茂志利地区農業活性化センターが新設されたことで，それまでの施設に代わり両分館の新たな拠点施設となった．また，平成3（1991）年2月には三栄婦人ホームが老朽化により解体され，前年に休校となった三栄小学校校舎が三栄分館として利用されることになった．各施設は，公民館分館事業を始めとした地域行事の拠点として有効に活用されている」と記されている．

6．「平成の大合併」後の士別市公民館の変遷（2005年9月～2011年12月まで）

「平成の大合併」では，旧・士別市は朝日町のみと合併を行った．2005年9月1日の新・士別市の発足にともない，旧朝日町の公民館は士別市朝日公民館および朝日公民館壬子分館・三栄分館・登和里分館・茂志利分館として設置された．

その後，2008年4月1日の士別市の公民館は，以下のとおりであった．
・中央公民館－中士別・下士別・武徳・川西・南士別・西士別・北町の7分
　館

・上士別公民館－川南・兼内・大和・成美の4分館
・多寄公民館－中多寄分館の1分館
・温根別公民館－白山・北温の2分館
・朝日公民館－壬子・三栄・茂志利・登和里の4分館

　したがって，1997年に中央公民館南町分館が廃止された後，上士別公民館－三郷・南沢・大英の3分館，多寄公民館－東陽の1分館，温根別公民館－仲線・伊文・北静川・湖南の4分館の計8分館がこの10年間に廃止されたことになるが，その時期は未確認である．

　さらに，2010年3月31日には，中央公民館川西・西士別・北町の3分館が廃止され，2011年12月には，以下のようになっていた．
・中央公民館－中士別・下士別・武徳・南士別の4分館
・上士別公民館－川南・兼内・大和・成美の4分館
・多寄公民館－中多寄分館の1分館
・温根別公民館－白山・北温の2分館
・朝日公民館－壬子・三栄・茂志利・登和里の4分館

7. 士別市における公民館政策の現状と課題

　士別市では，「平成の大合併」で合併した旧・朝日町でも地区館－分館体制の公民館政策を続けてきたが，地域社会の変貌による人口減少の中，小学校の統廃合が平成（1989年～2019年）に入ってからも続き，士別中央地区の西士別小学校（1989年）が廃校となり，さらに温根別地区では北温小学校（1998年），白山小学校（2000年）が，上士別地区では兼内小学校（2000年）が相次いで廃校となった．また，朝日地区でも壬子・三栄・登和里・茂志別の各小学校が，1997年に廃校となっている．これによって，士別中央と多寄を除く上士別・温根別・朝日の旧町村が，小学校1校体制となったのである．

　このような小学校の統廃合にともない，併設する公民館分館については廃

止するところが出てくる反面，廃校跡の校舎や別の施設を分館に転用するところが出てきた．小学校の廃校ともに分館を廃止してしまったのは，昭和40年代（1965年～1974年）の統廃合では当初温根別地区の湖南・北静川・伊文の各分館のみであり，他は当初は旧校舎を利用した独立分館として存続していた．しかし，その後独立館を新築したり既存の会館を分館に併用したりするなど，ほとんどの分館が旧校舎を利用しなくなっていった．

その後，上士別地区では三郷・南沢・大英の各分館が，多寄地区では東陽分館が，温根別地区では仲線分館が，それぞれ廃止されていった．

一方，統廃合が平成以降の時期（1989年以降）に行われた分館では，上士別地区の兼内分館と温根別地区の北温・白山の各分館，そして旧・朝日町の三栄分館は，旧校舎を利用した独立分館となったが，士別中央地区と旧・朝日町の他の分館では既存の会館に分館を併設している．士別中央地区では，全体的な人口減少とは別に市街地化が進み，1978年に士別南小学校併設の南町分館と北町会館併設の北町分館が設置されている．

しかし，平成以降，士別中央の中心市街地でも人口減少が顕著となっており，分館活動の担い手が減少し分館を維持できなくなったため，1997年には南町分館が廃止となり，さらに2010年には川西・西士別・北町の各分館も廃止されたのである．

このような中，2008年には士別市教育委員会内部で分館の廃止も検討されるようになっていった．その理由の1つは，人口減少にともなう分館活動の担い手不足であることは間違いない．そして，2008年11月20日に開催された「士別市公民館分館活動推進検討会」（士別市教育委員会主催）では，公民館・分館のあり方の現状として，①公民館の役割が見えづらい―生涯学習社会の中で，公民館の役割が見えづらくなっている．②個別化による公民館活動の低迷―個人化・個別化が進み公民館的な活動が肯定されにくくなっている．③自治会事業との混在化―自治会と公民館分館事業の活動が混在化しすみわけがしにくくなっている．④公民館として機能しているか―（略）の4つの問題が挙げられたのである．このような現状を踏まえて，公民館の

目的や役割の再確認が行われ，2009年2月には以下の「士別市教育行政執行方針」が市の公民館政策として出された．

　　次に，公民館につきましては，だれもが気楽につどい，やすらぎ，学ぶことのできる施設として，しっかりと位置づけ，市民の学習活動への支援や学習情報の提供に努め，市民が自主的に取り組む学習活動の活性化を進めてまいります．（中略）
　　特に，公民館分館は，地域活動の拠点であると同時に社会教育を推進する上での最小の教育機関としての役割を再評価し，地域の文化活動や生涯学習推進の核となるよう分館活動の強化に努めてまいりますし，地域の要請によって開催する「移動公民館」につきましても，分館の強化に連動して拡充を図ってまいります．

つまり，地域社会の「縮小化」が進む中，士別市では公民館分館を廃止するのではなく，分館は「地域活動の拠点」であり，かつ「最小の教育機関」であるとの再評価が行われ，その強化を図っていこうというのであった．

8. おわりに

本稿を執筆してすでに7年の歳月が過ぎた．現在（2018年12月末）の士別市の人口は，1万8,965人（男8,975人，女9,990人），世帯数9,366世帯となり，当時に比べて約2千人減少している．

その後も，小・中学校の統廃合は進んでおり，公民館分館も2013年4月には3館（南士別・中多寄・茂志利）が廃館となっている．しかし，「地域活動の拠点」としての公民館・公民館分館は，そこに地域住民が生活を営み存在する限り，その地域社会を持続させていくうえで必要不可欠な存在である．

士別市の公民館政策が，羽幌町のようにすべて廃止していく方向ではなく，

継続しながら今後も地域社会を持続させていく要であり続けていくことを期待し，これからも見守っていきたい．

※本章は，拙稿「『縮小社会』における地域社会の持続可能な発展に関する一考察（その2）：『北海道公民館史』を手がかりに」（北海学園大学開発研究所『開発論集』第89号，2012.3）を再構成したものである．

参考文献
『公民館のあゆみ』（北海道教育委員会，1949.3）
『北海道公民館20年史』（北海道公民館連絡協議会，1969）
『北海道公民館30年史』（北海道公民館協会，1984）
『士別市史』（士別市，1968）
『新士別市史』（士別市，1989）
『朝日町史』（朝日町，1981）
『続朝日町史』（士別市，2008）
『士別町役場公文書 昭和22年 公民館』
『開基50周年記念 士別町史』（士別町，1949）
『公民館30年のあゆみ』（士別市教育委員会，1977）
『郷土誌 上士別』（開基85年記念事業協賛会，1985）
『翔温百進』（温根別町開拓・温根別小学校開校百周年記念事業協賛会，2007）
『郷土誌 たよろ』（郷土誌たよろ編集委員会，2007）
士別市公民館分館の推移（2008年4月1日調べ）
士別市公民館分館活動推進検討会 資料（2008年11月20日）

第 3 部 地域を創る主体

第11章

女性が変わると地域が変わる

1. 地域を創る主体とは誰か

　第3部では，第1部・第2部で見てきた地域社会は，そもそも誰が創るのか，つまり「地域を創る主体」は誰なのかということ論じていきたい．

　第2部で取り上げた政策課題として「子育て支援」「学校」「超高齢社会」「多文化共生」「まちづくり」を見てくると，そこには「担い手としての母親」，「保護者としての母親」，「家庭での介護やボランティアの担い手としての女性（嫁・娘・妻・「全日制住民」）」，そして「まちづくりの担い手としての女性（消費者・「全日制住民」）」と，すべてに女性たちが関わっていることがわかる．

　したがって，女性はまさに「地域を創る主体」なのであり，だからこそ「女性が変わると地域が変わる」のである．

　しかし，女性は最初から好き好んで，自ら進んで「子育て支援」「学校」「超高齢社会」「多文化共生」「まちづくり」に関わってきたのではない．やはり，第1部で見てきたような地域社会の変貌の中で，関わらざるをえない状況となり，それらを経て個々人の，そして集団としての主体形成過程を経て「地域を創る主体」となり，担っているのである．

　本章では，そのように女性が「地域を創る主体」となってきたプロセスを明らかにしていきたい．

2. なぜ女性は地域参加するのか

　第6章で論じたように，1960年代，70年代の核家族化の進行によって，「男は仕事，女は家庭」という「夫婦性別役割分業」が確立していったといわれている．都市化した地域社会に，大量の専業主婦が生み出されていったのである．

　しかし，90年代以降は労働力人口・雇用者総数の4割は女性となっている．つまり，女性たちの多くは「出産・育児」の一時期を専業主婦として過ごし，その後は「サラリーマン」（労働者）として働いているのである．さらに，晩婚化・未婚化，そして子どもを持たない，または子どもが一人だけの夫婦も増え，日本は人口減少社会を続けている．

　したがって，女性が「地域を創る主体」となるのは，「夫婦性別役割分業」が確立して，女性の多くが専業主婦だから，が理由ではない．ましてや，女性が男性より暇だからでもない．

　先にも述べたように，育児も高齢者介護も女性が圧倒的に多くの時間を担っているのであり，家事や育児時間の長さや介護負担の多さは，尋常ではない．また，機会が得られず専業主婦を続けている女性たちも多いが，機会があれば，制度的に支援が充実するならば，女性の就労はさらに増加するだろう．それにもかかわらず，男性と比較して女性たちの地域参加は多く，しかも女性は時間的余裕があるから地域活動に参加しているのではない．

　鄭暎惠は，その理由を「社会的意識上のダブルスタンダード」と名付けている．それは，1997年の「男女共同参画社会に関する世論調査」（総理府広報室）をもとに「男性は仕事優先，家庭・地域活動は二の次．女性は家庭・地域活動優先又は仕事と両立」という考え方を（「夫婦性別役割分業」という考え方は薄れているとはいえ），男女ともに持っていることから名付けたものだった．

　さらに鄭は，女性たちの労働が正当な評価を受けていないこと，つまり男

女賃金格差によって女性の賃金は安く，男性が主な働き手であり家族を養っているという「幻想」があり，「社会的意識上のダブルスタンダード」を生み出しているとする．そしてそのことが，低賃金または無償労働（家事・育児・家庭での介護）は女性が担う，という意識を社会的に形成してきたのではないか，とするのである．したがって，地域活動は「無償労働」に位置づけられるものが多いがゆえ，女性の参加が多くなるというのだ．

3. 女性の社会参加の変遷

しかし，それではあまりにも女性の地域参加は受身であり，主体的ではない．

なぜ，女性は「無償労働」に従事してきたのかを「女性の主体形成」という視点からも歴史的に見ていかなければならないだろう．

「男は仕事，女は家庭」という「夫婦性別役割分業」は，もともとヨーロッパでの産業革命の後，機械化によって労働の専門分化が進んだことにルーツがある．そのため女性の家庭外雇用が制限されていった結果，女性は良妻賢母として家庭を守る存在とされ，すぐれた労働を無償で提供する存在となっていったというのだ．日本でも，明治期後半から大正・昭和戦前において，中産階級以上の家庭の女性たちがそうだったのであり，第6章でも述べたように，村落共同体を維持していた農山漁村ではそうではなかった．

戦後，産業化・都市化が進み，農山漁村から大都市への人口の大量流入と大都市近郊の団地を中心とする核家族化の中で，一時期は専業主婦が増加していったが，すぐに家事の電化が始まり，家事労働の分業化（掃除機，洗濯機や電子レンジ等の家電の発展，コンビニの普及等）によって，女性たちに時間的余裕が少しずつ増えていき，そのことが女性たちを地域社会へと向かわせたのである．そして，その後の少子・高齢化による労働力不足が，専業主婦を終焉させていった．

そして，1976年〜1985年の「国際婦人の10年」は，特に女性の社会参加

を促進させたという．それは，女性の社会参加を政策課題として大きく取り上げたからである．

筆者は，ちょうどこの時期に社会教育と地域社会学を学ぶ学生として東京三多摩地域で暮らし，その後神奈川県相模原市の公民館で社会教育主事として勤務していた．当時の三多摩や相模原の公民館には，たくさんの女性たちが集い，溢れるほどのパワーを発揮して，趣味や学習・文化，スポーツ活動，消費者運動，地域福祉活動，高校全入運動等を展開していた．特に相模原では，1960年代から自らの生活課題・地域課題を学びあう「婦人学級」が公民館を拠点に活発に行われており，その中から「自主学習グループ」が数多く誕生し，継続的な学びを続けていた．1970年には，全市的な「相模原市婦人グループ連絡協議会（連協）」が結成され，同年より実行委員会（連協役員と社会教育主事による）主催の「婦人学習グループ研究集会」が毎年開催されていた．筆者も，1983年度の「婦人学習グループ研究集会」に実行委員の1人として関わった経験がある．ここでは，学びを通じて家庭の延長（生活課題の解決）から身近な地域（公民館での地域課題学習）へと，「参加」した女性たちが全市でのネットワーク組織（連協）を結成し，さらにネットワークでの学び（婦人学習グループ研究集会）を広げ，「協働のまちづくり」へ「参加」していくという発展があった．

まさに，女性の地域参加・社会参加は，単に受身だけではなく，60年代から80年代における公民館等での地域の社会教育としての学びを通じて，形成されてきた主体的な意識が実践の中から生み出されてきたのである．

4．"女性が変わると地域が変わる"とは

鄭は，個人的な地域活動から社会的な地域活動を経て，1980年代以降に女性たちの地域活動には質的な変化が見られた，という．それは，女性たちがそれまでの地域活動での経験を活かし，地域への貢献と自らの経済的自立とを結びつけたネットワークを新たに形成するようになってきたことだ，と

する．

　鄭は，その具体的な事例として3人の女性の歩みを紹介している．

　ここで取り上げられている3人は，それぞれ結婚前は「サラリーマン」（労働者）として仕事を持ち働いていた女性であり，結婚後または出産時に仕事を退職して「家事・育児」に専念する専業主婦となった人である．しかし，子育てが一段落した後，それぞれ内容は違うが，地域活動・社会活動へ参加していく．Aさんは，病院での入浴ボランティアからホームヘルパーの資格を取り，社会福祉法人で働くこと．Cさんは，在宅で以前の仕事と同じ地域プランナーとして働くこと．Fさんは，ホームヘルパー2級の資格を取得し，その後ワーカーズ・コレクティブで働くこと，だった．

　Cさんは結婚以前と同じ仕事を在宅ですることだったが，AさんとFさんは結婚前の仕事とは全く違う仕事であり，まさに個人的な地域活動から社会的な地域活動を経て，地域への貢献と収入を得る仕事への発展が見られたのである．

　しかし，「経済的自立」はどうであろうか．鄭自身も後で述べているが，3人ともそれだけで生活を維持できるほどの収入ではなかった．鄭は，女性の新しい働き方として動向を見守る必要がある，としていた．

　筆者は，数年前の2部ゼミナールで「女性が変わると地域が変わる」をテーマに掲げて，学生たちと文献学習やワーカーズ・コレクティブの見学等で学んだ経験がある．おそらく鄭がこの論文を書いてから，筆者のゼミで調べるまで15年ほどが経過しているが，学生たちの結論は「経済的自立は難しい」であった．夫が主な収入源である主婦や年金生活者，他に収入がある女性なら可能であるが，ここで女性たちが得る収入は家計とは別の女性たちの社会貢献への対価であり，さらなる社会的活動への資金となる収入であると見るのが妥当であろうと考える．

　このように女性が地域活動を行うことは，女性が自らを活かす機会を得るきっかけとなっていると位置づけることができる．そこから女性たちは，世の中の多様なものの見方を学び，多様な生き方を実践するようになっていく

のであり，その結果として「女性が変わると地域が変わる」のである．

　鄭は，このような地域での女性たちの経験を男性たちも学ぶことが必要だと指摘している．超高齢社会は，仕事中心であった男性たちに退職後の長い地域社会での生活を突きつけるようになったのであり，まさに地域での女性たちの経験を男性たちも学ぶことが不可欠になってきたといえよう．

> **今日の課題**
> 　実際に自分の住むまちで，地域づくりの主体として活躍する女性たちを調べてみよう．

　　参考文献

鄭暎惠「地域社会とジェンダー」（高橋勇悦・大坪省三編『社会変動と地域社会の展開〈第二版〉』学文社，2007）

内田和浩「『地域重視型』公民館における社会教育実践の現段階：相模原市を例に」（北海道大学教育学部『社会教育研究』第12号，1992）

第12章
「新しい公共」の担い手たち

1. はじめに

　第5章で，高齢者も現役のまちづくりの担い手として活躍できる地域社会にしていこうという提案を行った．したがって，高齢者自身も「地域を創る主体」であることは間違いない．また，第10章で取り上げた自営業者も，「まちづくり」の担い手・リーダーとして「地域を創る主体」である．
　本章では，高齢者や自営業者ももちろん含まれるが，第11章で取り上げた女性も含めて，現代社会において地域社会の重要性に気づき，その創造に積極的に深く関わっていこうとする人々を「新しい公共」の担い手と位置づけ，「地域を創る主体」像を論じていきたい．
　なお「新しい公共」という言葉は，2009年にスタートした民主党政権によって使われ一般化した言葉であり，「行政だけが公共の役割を担うのではなく，地域の様々な主体（市民・企業等）が公共の担い手の当事者としての自覚と責任をもって活動することで『支え合いと活気がある社会』をつくるという考え方」だとされている．しかし，財政難のためこれまで行政が担ってきた仕事（公務労働）をボランティア団体やNPO法人，民間企業等に安くやらせるようなイメージも強く，民主党政権崩壊（2012年12月）以降はあまり使われていない．
　筆者は，もともと「地域を創る主体」は地域住民自身であり，公務労働としての自治体の仕事も，地域住民が「市民」として重層的（プロ・セミプ

ロ・アマ）に担っていくものだと主張してきた．したがって筆者が考える「新しい公共」とは，第1章で提起したように，個々の地域住民の「私の地域空間・地域社会」をどう豊富化・活性化させていき，そこで生じた問題処理システムを「私たちの地域空間・地域社会」として昇華させ，「制度的地域空間・地域社会」に構築化し，制度化していくプロセス（「住民の共同・協同」が「基礎自治体としての公共」に昇華していくこと）を指し示す言葉だと考えている．

2. コミュニティ行政の限界と成果

第2章で述べたように，農村社会における村落共同体を原型としてきた日本の地域社会は，高度経済成長と「農業の近代化」により大きく変貌してきたのであり（1960年頃がターニングポイント），産業化，都市化による「民族大移動」は止められず，農村人口の減少，都市人口の急増（過疎・過密）が進んでいった．郊外に住宅・団地が造成され，核家族化が進んだのも，このころであった．

そのような中で出された国民生活審議会調査部会コミュニティ問題小委員会報告書『コミュニティ：生活の場における人間性の回復』（1969年）をきっかけに，行政主導によるコミュニティ政策が進められていった．そこで示されたコミュニティ政策の原点は，4つの原則（①住民自治の回復と住民参加の必要性，②大都市社会においてこそコミュニティ形成が必要，③コミュニティとは期待概念，④意識や関係だけに偏った戦略を提示しているわけでない）であり，行政に拮抗する住民自治に対する期待を含みながら，既存の行政サービスに対する鋭い反省を促すことにあった．

しかし，現実のコミュニティ行政は，それらの期待と関心を大きく裏切るものだった．そのことを森岡清志は，以下の5点を理由として挙げ，説明している．それは，①実際に「モデル・コミュニティ」施策を受け入れた自治体は，ほとんどが人口の少ない市町村であり，大都市は含まれていなかった

こと，②その結果，コミュニティとはかつての村落共同体復活のイメージとして受け止められたこと，③「モデル・コミュニティ」施策の成果がコミュニティセンター（コミセン）をつくり，センター管理運営委員会を設置することにとどまったこと，④行政サービスやシステムの全面的な見直しは，どこでもほとんど行われなかったこと，⑤地域によっては，コミュニティ行政が公民館活動等の社会教育行政のそれまでの成果をつぶしてしまう結果になったこと，である．そして，その結果コミュニティ行政は，財政負担の軽減を目的として，住民の参加を要請するだけのものにとどまったのだ．

一方で，コミュニティ行政の成果として，まがりなりにもコミセンの管理・運営が住民組織によって維持され，そのことが定着しているという事実もあり，そのことをきっかけに，ボランティア活動が急速に成長・拡大していった地域もあるという．これは，住民は必要があれば積極的に公共的領域の活動を担うということを示している，と見てよいだろう．そして，第10章で述べたように，「1990年代には住民参加による政策決定が求められていった」ことと重なってくる．

3. ボランティアとNPO

1990年代に入り，「バブル経済」の崩壊を経て，地域社会にとって最大の出来事は，阪神淡路大震災（1995年1月17日）だった．未曾有の人的・物的被害は言うに及ばず，多くの人々が改めて地域社会における人と人との結びつきの重要性に気づき，地域社会の組織や活動を再確認することになったのである．

被災地には全国から多くの篤志のボランティアが集まり，その活躍によって避難所の運営がスムーズに行われたり，被災者の中からもそれに呼応する活動が生まれたりと，ボランティアが注目され市民権を得るようになっていった．その後，1995年は「ボランティア元年」と呼ばれるようになったのである．

学生時代の筆者の親しい友人は，今でいうボランティアサークルに入っていた．彼は，その活動に使命感を持って取り組んでいたが，楽しそうではなく，いつもつらそうな顔をして悩んでいた．彼はアルバイトのお金をその活動や支援のために使うので，彼自身はいつもお金がなかった．そんな友人を見ながら，その頃（1980年前後）の筆者の「ボランティア観」は，「奉仕」「使命感」「自己犠牲」のイメージだった．当時，一般的にボランティアは，「(地縁的) 相互扶助」「無給（無償）の強調」「施し」「慈善」等といわれていた．
　しかし，1995年の「ボランティア元年」以降は「ボランティア観」も変化し，「自己実現」「自発性」「無償性」「公益性」「創造性」「ネットワーク」が強調されるようになったのである．
　そして，そのようなボランティアによるさまざまな分野でのボランティア活動が展開していく中で，NPOと呼ばれる団体が多く組織されるようになっていった．NPOとは，Non-Profit Organization（＝営利を目的としない団体）の略で，日本語では「非営利団体」と呼ばれる．
　さらに1998年12月には，議員立法による特定非営利活動促進法（「NPO法」）が施行され，NPOは申請によって「NPO法人」となることができるようになり，民間公益団体としてさまざまな場面（法令には，特定非営利活動として20項目の活動が挙げられている）での活躍が期待されるようになった．
　一方，NPO法人とはならなかった法人格を持たない市民団体は，「権利能力なき社団」とか「任意団体」とも呼ばれている．そのほか，財団法人，社団法人，社会福祉法人，学校法人などの公益法人も非営利団体である．
　これに対して，限定されたメンバーの共通の利益である「共益」を目的とする団体として，町内会・自治会のような地縁団体や同好会，サークルなどや協同組合，共済組合等がある．これらも非営利団体であり，NPOと呼ぶ場合もある．

4. 「新しい公共」の担い手たち

　このように，1990年代後半からさまざまなボランティア活動，NPO活動が始まり，その担い手としてNPO法人等の公益法人が誕生した．その後2000年代に入り「NPO法」は改正を重ね，特定非営利活動の範囲拡大や税制控除（認定特定非営利法人）等が加えられ，ますますその活動は広がっている．

　一方，第5章で述べたように，地域における「安心・安全」への重要性と関心の高まりは，身近な地域社会に具体的な「防災まちづくり」「防犯まちづくり」を求めている．そして，日本の地域社会にはほとんどの地域に地縁をベースにした町内会・自治会という地域住民自治組織がつくられている．したがって，筆者は第5章で町内会・自治会にその可能性を求めたのである．

　しかし，果たしてそれは可能であろうか．実は，町内会・自治会のような地縁団体の中心的担い手はボランティアであり，町内会・自治会活動はまさにボランティア活動である．さらに，超高齢社会の到来である．一般的な町内会・自治会の役員は60歳以上がほとんどであり，実態として「高齢者もボランティア活動の担い手」なのである．また，都市部での町内会・自治会加入率の低下や役員の成り手不足等，少子・高齢化が進む中で町内会・自治会は瀕死の状態であるところも多く，とても町内会・自治会だけでは「防災まちづくり」「防犯まちづくり」を進めることができないのが現状といえよう．

　そこで重要なのは，地域社会における町内会・自治会，ボランティア団体・NPO法人等の役割分担と連携（ネットワーク）が不可欠ということである．

　第1章で示した，筆者が考える地域社会概念としての地域空間・地域社会の図（図1-2）を再度見てほしい．ここには町内会・自治会自体は書き入れていなかったが，近隣社会（基礎的地域空間・地域社会）をベースとした

「私の地域空間・地域社会」の中には，町内会・自治会もあり，実はボランティア団体・NPO法人等もある（図12-1）．つまり，「一人ひとりの私」が町内会・自治会，ボランティア団体・NPO法人等と何らかの関わりを持って地域社会の中で日々暮らしているのであり，「防災まちづくり」「防犯まちづくり」を進める際には，それらが連携して役割分担して進めていくのである．

第5章で紹介した北海道のある町の高齢者の生活支援のためのNPO法人は，「防災まちづくり」「防犯まちづくり」を担う団体ではないが，その町の高齢者の「私の地域空間・地域社会」にあるNPO法人である．「一人ひとりの私」は，ある人は「利用会員」として，ある人は「協力会員」として関わる中で，NPO法人の構成メンバーとしてお互いに支えあい，「協力会員」はわずかながら収入を得て，生活しているのである．

また，この「私の地域空間・地域社会」のネットワークの中には，自営業者である商店街の商店主も入ってくる．ある町では，「買物難民」となった

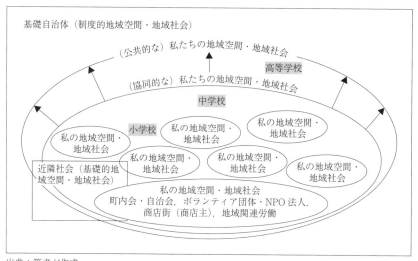

出典：筆者が作成．

図 12-1 「現代的地域共同体」のイメージ図

地域の高齢者を地域の商店が軽トラックで送り迎えしながら，商店での直接の買物を支えている．宮崎隆志は，地域住民の生活や生産の自立を支援する労働を「地域関連労働」と呼んでおり，商工会や農協・漁協等で働く人々がこれに含まれる．これらは，ボランティアではない．それぞれの担い手が，自らの使命と役割を果たすことで共益から公益への発展が見られるのだ．

このように，地域社会をめぐってさまざまな分野で「まちづくり」が行われるようになっており，その際「私の地域空間・地域社会」は他の人々の「私の地域空間・地域社会」とつながり，連携しながら「（協同的な）私たちの地域空間・地域社会」を創っていくだろう．そして，その「（協同的な）私たちの地域空間・地域社会」が拡がりつながったり，対立したり合意形成したりしながら，「（公共的な）私たちの地域空間・地域社会」へと発展していくのであり，その重層構造が筆者の考える「現代的地域共同体」のイメージである．そして，最終的には「制度的地域空間・地域社会」である基礎自治体と重なっていくのであり，その問題処理システム・専門サービスの担い手が「新しい公共」の担い手なのである．

そして，「新しい公共」の担い手には基礎自治体に働く自治体職員自身も含まれる．逆に自治体職員が担い手に入らなければ，「新しい公共」は実現しない．筆者は，自治体職員の主体形成には，「市民的自覚」と「専門的自覚」の両方が必要であると指摘してきた．

超高齢社会の今日，「地域を創る主体」である「新しい公共」の担い手は，ボランティアとして，NPO として，自営業者として，「地域関連労働」の担い手として，自治体職員として，地域社会と深く関わっていこうと自覚し行動する「市民」なのである．そのような「市民」相互の協働が，持続可能な地域社会としての「現代的地域共同体」を創っていくのである．

> **今日の課題**
>
> 「新しい公共」とは具体的にどのようなことをいうのか,自分自身の言葉で説明してみましょう.

参考文献
森岡清志「地域社会の未来」(森岡清志編『地域の社会学』有斐閣アルマ,2008)
大久保武・中西典子編『地域社会へのまなざし』(文化書房博文社,2006)
髙橋勇悦・大坪省三編『社会変動と地域社会の展開〈第二版〉』(学文社,2007)
宮﨑隆志「地域関連労働と社会教育実践」(大前哲彦・千葉悦子・鈴木敏正編『地域住民とともに』北樹出版,1998)
内田和浩『「自治体社会教育」の創造 増補改訂版』(北樹出版,2011)

補章3
転勤族は地域を創る主体になれるか

1. はじめに

　第3章で「階層が高いグローバル大企業やキャリア官僚等の人々は近隣にほとんど関わらない」（玉野和志）という指摘を紹介した．つまり，大企業の社員やキャリア官僚等は，「全日制住民」ではなく，朝早く出勤して夜だけ寝に帰る「定時制住民」であり，さらに転勤族でもあるため「地域を創る主体」にはなれない，ということであろう．
　本章では，北海道留萌市を事例に，北海道庁の振興局所在地に特徴的な転勤族という地域住民へ実施したアンケート調査結果の分析を踏まえて，「転勤族は地域を創る主体になれるか」を考察していきたい．

2. 留萌市の歴史と概要

　留萌市は，北海道北西部留萌管内にある中心市であり，北海道庁留萌振興局が置かれている．
　留萌市の公式HPに書かれた留萌市の概要には，「留萌市は，北海道の北西部に位置し，ニシン漁とともに発展し，日本一の生産性を誇る『かずの子』をはじめとした水産加工業，国の重要港湾『留萌港』と国道3路線の結束点，さらに高規格幹線道路留萌深川自動車道の整備といった交通・物流の拠点，国や北海道の官公庁が集積したマチです」と書かれている．しかし，

現在の人口は，2017年11月末で2万1,778人（11,766世帯）であり，「消滅可能性都市」の基準となった2010年からすでに約3千人の人口減となっている．

歴史的には，江戸時代初期から松前藩の知行地が置かれていたが，留萌市では1877年に戸長役場が設置されたことを「開基」としている．その後，1910年に留萌港築港工事が着手（1931年完了）し，同年深川との鉄道が開通（現・留萌線）するなどして発展し，1914年には増毛に置かれていた北海道庁の支庁が留萌に置かれるようになり，留萌支庁所在地としてまさに「都市」として形成されていったのである．

そして，1947年10月1日には道内12番目の市である留萌市（人口3万57人）となった．さらに，1952年には留萌港が重要港湾となり，1967年には最高人口4万2,469人を記録したのである．他の地域拠点都市なら，その後も高度経済成長とともに都市化が進み，さらに人口の増加や交通網の整備，市街地の近代化が進んでいったと思われる．

しかし留萌市は，その後近隣の炭鉱の閉山や若者の大都市への流出，港湾の利用低迷，羽幌線の廃止等により人口減少が進み，今日の「消滅可能性都市」の状況を迎えている．

現在の留萌市の基幹産業は，上記のように「かずの子」をはじめとした水産加工業，そして重要港湾である留萌港とされている．

図補3-1は，2015年の留萌市の「産業分類別従事者構成比」である．ここからは，基幹産業といわれている水産加工業を含む「製造業」が5％程度であることがわかるが，留萌港に関わる仕事に従事している人たちがどこに分類されているのかはわからない．おそらく全体の8割以上を占める第3次産業の中の「運輸業」や「サービス業」「公務」そして「その他」の中に含まれると思われる．

近年の推移では，「製造業」の従業員数は2006年に1,626人だったのに対して，2015年には1,009人と約38％減少している．全体の従業員数の合計は，2006年に1万8,750人に対して2015年は1万7,696人と5％程の減少で

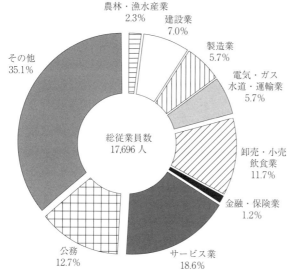

出典:『平成 28（2016）年度　留萌市統計書』.

図補 3-1　留萌市産業分類別従事者構成比

あるのと比べ，「製造業」の減少率は大きく，基幹産業である水産加工業の衰退は明らかである．

　一方，留萌市は「国や北海道の官公庁が集積したマチ」とされ，北海道開発局や陸上自衛隊，海上保安庁等の国の出先機関，北海道庁留萌振興局や北海道警察留萌警察署，そして道立高校が 2 校（1 校は 2018 年 3 月廃校）等，道の出先機関が多く存在している．こちらも 2010 年の道庁の支庁再編にともなって留萌支庁が留萌振興局とされたことによる規模縮小等の影響もあり，「公務」の従業員数は 2006 年に 2,909 人だったのに対して，2015 年には 2,245 人と約 29％減少している．

3．「人口ビジョン」と「総合戦略」に見る留萌市の地域創生政策

　日本創成会議・人口問題検討分科会の提起を踏まえ，国の政策として「地

方創生」が始まった．具体的には，2014年11月「まち・ひと・しごと創生法」が制定され「まち・ひと・しごと創生本部」がスタートし，国としての総合戦略が示された．これを受けて市町村ごとに策定されたのが，地方版「総合戦略」であり「人口ビジョン」である．

　留萌市でも，2015年10月に「人口ビジョン」と「総合戦略」を策定した．
　まず「人口ビジョン」では，目指すべき将来の方向性として「地域産業の強みを活かし，魅力とやりがいを感じて働くことができるまちづくり」「留萌のブランドを活かし，人との交流により，元気に過ごせるまちづくり」「留萌市で結婚し，子どもを産み育てたいと思えるようなまちづくり」の3つを挙げ，「目指すべき将来の方向性の実現に向けた取り組みにより，合計特殊出生率が国の長期ビジョンや北海道の人口ビジョン（素案）と同様に2030年までに1.80，2040年までに2.07（人口置換水準）まで上昇し，純移動数で唯一増加している年齢層（20～24歳→25～29歳）の移動率については，社人研（国立社会保障・人口問題研究所：筆者）設定値をさらに15%増加を見込むとともに，移動減である0歳から64歳の年齢層を社人研設定値よりも15%，65歳以上を10%の転出抑制を図ることで，2040年の人口14,678人をめざします」としている．
　確かにデータでは，留萌市では高校を卒業する年齢層（15～19歳→20～24歳）の転出が多く，これは高校卒業後進学や就職で都市部への転出によるものといえる．一方，留萌市では逆に大学卒業後の年齢層（20～24歳→25～29歳）の転入が少なくない．純移動では，この世代で男女ともにグラフに転入の山が見られる．その理由について「人口ビジョン」には明確な記述はないが，現在の留萌市の産業構造は第3次産業従事者が8割以上と圧倒的であり，その多くが公務やサービス業となっている．すでに述べたように，それらは陸上自衛隊や道庁振興局等の国や道の出先機関が多く，そこで働く多数は転勤族であり，大学卒業後の年齢層（20～24歳→25～29歳）が毎年新たに配属されているのであれば，その理由になると考える．また，留萌市の合計特殊出生率は，全国平均・全道平均よりやや高く近年は1.60で

推移している．その理由の1つとして，このように若い世代の転入が多いことが考えられる．しかし，すでに「公務」に分類される人々は近年減少傾向にある．

このような視点から「人口ビジョン」での目標値を見ると，(20〜24歳→25〜29歳）の年齢層の移動率を15％増加させ，合計特殊出生率を2030年までに1.80，2040年までに2.07に上昇させると掲げているが，今後も転勤族が減少していくことを考えると，なかなか困難な目標値といえる．また「目指すべき将来の方向性」には，「地域産業の振興により，地元学卒者や大学等の高等教育機関卒業後に，生まれ育った留萌で就職できる雇用の確保や一次産業の担い手の確保，新たに起業しやすい環境づくりを進めます」とも書かれており，Uターン者を増やし自立したまちづくりを目指す方向性が示されている．「0歳から64歳の年齢層を社人研設定値よりも15％，65歳以上を10％の転出抑制を図る」としていることも，今後は具体的にどのような取り組みをすることで可能となるのであろうか．

一方，「人口ビジョン」に描かれた2040年の目標人口推計を実現していくために行う戦略的な施策が「総合戦略」である．留萌市では，当時2007年〜2016年の第5次総合計画が展開しており，2015年〜2019年の計画である「総合戦略」は，2017年〜2026年の第6次総合計画との整合性を図りながら策定され，政策として進められている．

「総合戦略」では，国の「まち・ひと・しごと創生総合戦略」の4つの基本目標に対応して，さらに「人口ビジョン」で示した3つの目指すべき将来の方向性に対応して，以下の3つの総合戦略の柱を定め，それぞれに2019年の数値目標を掲げている．

①「魅力・やりがい留萌地域経済戦略」．ここでは，数値目標として「製造品出荷額等の維持」(130億円)，「産業分類別総所得額の維持」(275億円)，「転入による新規就農・新規漁業従事者数」(10人)を掲げ，具体的には(1)地域産業の振興，(2)農林水産業の振興，(3)留萌港の利用促進，の3つの施策への取り組みとその目標値を提示している．

②「健康・賑わい留萌ブランド」．ここでは，数値目標として「健康をキーワードとした企業連携研究に参加する市民」(100％を維持)，「宿泊を伴う合宿・大会誘致による交流人口の拡大」(10団体延1,000泊以上)を掲げ，具体的には，(1)健康づくりの推進，(2)地域医療の充実，(3)地域福祉の充実，(4)体験交流人口の拡大，(5)魅力発信の充実，(6)シンボル公園の整備，の6つの施策への取り組みとその目標値を提示している．

③「出産・子育て留萌サポート戦略」．ここでは，数値目標として「合計特殊出生率の向上」(1.64)を掲げ，具体的には(1)子育て環境の充実，(2)学校教育の充実，(3)社会教育の充実，(4)子育て空間の充実，の4つの施策への取り組みとその目標値を提示している．

しかし，ここで掲げられた3つの柱（基本戦略）と数値目標，そしてそれを実現するための具体的な施策とその目標値は，果たして「人口ビジョン」で掲げた（20〜24歳→25〜29歳）の年齢層の移動率を15％増加することにつながり，かつ彼らの合計特殊出生率の向上に直結する政策であろうか．

先に指摘したように，今後も転勤族である「公務」従事者が減少していく現状を踏まえると，「（20〜24歳→25〜29歳）の年齢層の移動率15％増加」を実現していくためには，既存の中小企業を維持させるだけでなく，より積極的に新たな産業の創出による起業・創業を促進し，雇用の場を現在より大幅に創出していかなければならないはずである．しかし，①の(1)地域産業の振興の記述からはその具体的な方向性が見えない．それは(3)留萌港の利用促進についても同様である．

このような留萌市の「人口ビジョン」「総合戦略」からは，国や道等の出先機関がこれからも継続して留萌に置かれ，転勤族である職員たちがこれまでと同じように住民として存在することが前提のように感じられるが，果たしてそれでよいのだろうか．

4. 転勤族から見た留萌市の課題：アンケート調査結果から見る

筆者は2016年12月，留萌市内の転勤族500人に対して留置郵送法によるアンケート調査を行った．回収件数は330件（回収率66％）であった．配布先は，留萌市内に出先機関を有する北海道庁（留萌振興局），北海道開発局（留萌開発建設部），陸上自衛隊（留萌駐屯所），北海道警察（留萌警察署），北海道立高校（留萌高校・留萌千望高校）である．配布方法は，それぞれの機関の協力を得て，職場内で該当者（転勤族本人と家族）に配布していただき，個人から直接郵送で回収した．ご協力いただいた皆様に，改めて感謝申し上げたい．

アンケート調査の単純集計
Ⅰ．基本項目

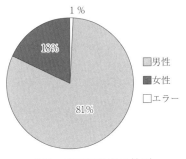

問1 調査対象者の性別

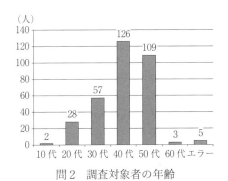

問2 調査対象者の年齢

男女比は，約80％が男性となった（問1）．これは，転勤族とその家族へのアンケートを，職場を通じて行ったため，単身赴任を含む就労者の多くが男性であったといえる．

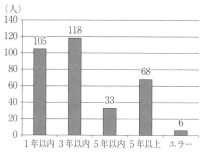

問3　留萌市に住んでから何年になるか

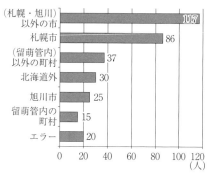

問4　留萌市以前の居住

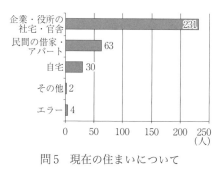

問5　現在の住まいについて

転勤族であっても5年以上留萌に居住している人も意外と多い（問3）．年齢層で40歳以上が圧倒的に多い（問2）．以前の居住地では，札幌・旭川，それ以外の都市が7割近くを占めている（問4）．道外は主に自衛隊関係と思われる．

現在の住まいが「自宅」も30人（問5）ほどおり，もともと留萌市出身の人もいるとは思うが，退職前に留萌に家を購入した人もいると思われる．

II．質問事項

問1．日常生活について

JR留萌線の利用頻度（問1-1）について質問したが，85％が「ほとんど利用しない」と答えており，利用頻度が非常に低いことがわかる．また「買い物〜」や「通勤通学」は回答者がほぼ0人で，日常的にJRを使う転勤族はいないことがわかる．

また，市内路線バスの利用頻度（問1-2）では，95％が「ほとんど利用しない」と答えており，利用頻度もJRと同様に非常に低い．JRだけでなく

補章3　転勤族は地域を創る主体になれるか　　　　169

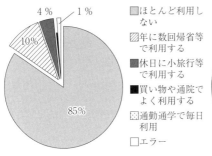

問 1-1　JR 留萌線の利用頻度

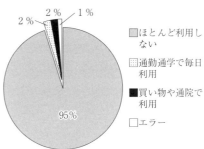

問 1-2　市内路線バスの利用頻度

市内を移動するバスの利用もほとんどない．

公共交通機関を利用しない転勤族（問 1-3）は，車を主たる移動手段としている．その他の記述には，徒歩や自転車での移動，という記載が見られた．

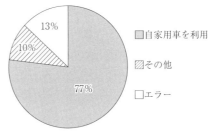

問 1-3　JR や路線バスを利用しない理由

普段買い物をどこでするか（問 1-4）の問では，複数回答有としているため，全ての場所に買い物に行く回答者も多く見られた．また，その他の記述ではドラッグストアやコンビニという記述が多い．他は，札幌や旭川という記述が大

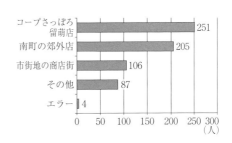

問 1-4　普段，買い物をどこでするか

半で，帰省時にまとめて購入するという内容もあった．

店に行かない理由（問 1-5）の最も多い回答は「欲しいものがないから」であった．また，その他の記述で「（職場・家から）遠いから」という内容が非常に多く見受けられた．エラーが多いのは，設問が「問 1-4 で○をつけなかった場所をなぜ利用しないのか」という趣旨だったが，問 1-4 で全てに

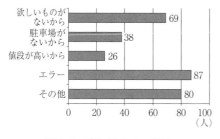

○を付けている回答者も回答していためである．

問1-5　店に行かない理由

問2．読書環境について

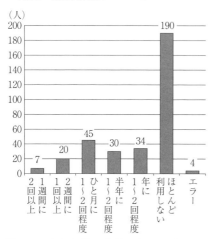

問2-1　市立留萌図書館の利用頻度について

問2-1を見ると，市立留萌図書館の利用頻度について，「ほとんど利用しない」と回答している回答者が非常に多い．年に1〜2回と答えた回答者数と合わせると，約7割以上の転勤族がほとんど図書館を利用していないことになる．

問2-3を見ると利用しない理由の多くが「利用する暇がない」となっている．また，「その他」の記述には，図書館の閉館時間が早い，もしくは時間が合わないと思っている回答者が多い．他には，「そもそも本を読まない，読書習慣がない」，「札幌や旭川の方が図書館も大きく，書店の品ぞろえも良いから」という回答も見られた．

問2-2では，図書館利用者の多くは「本を借りる」ことが利用目的となっていることがわかる．

書籍や雑誌の購入方法（問2-4）の「市内の書店」は，留萌ブックセンターby三省堂のことであるため，転勤族にも留萌ブックセンターby三省堂

がある程度認知されていることが分かる．しかし，同じくらいの人数が市外の書店でも購入しており，ほとんど購入していない人も一定数いる．

また問 2-5 から，利用頻度も高くないことがわかる．

留萌ブックセンター by 三省堂に望むこと（問 2-6）では，「その他」の記述で「現状維持」がほとんどであった．一方，地道な活動の末に，やっとの思いで誘致した書店がなくなってほしくない，という記述も多く見られた．

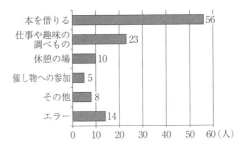

問 2-2 図書館の利用頻度が「1 週間に 2 回以上〜1 か月に 1 回以上」の方の利用目的

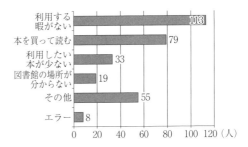

問 2-3 図書館の利用頻度が「半年に 1 回程度〜ほとんど利用しない方」の利用しない理由

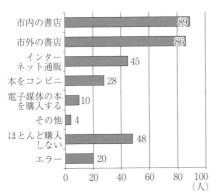

問 2-4 書籍や雑誌の購入方法

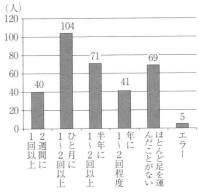

問 2-5 留萌ブックセンター by 三省堂の利用頻度

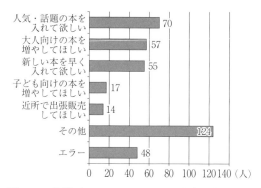

問 2-6　留萌ブックセンター by 三省堂に望むこと

問 3．留萌市のまちづくりの課題について

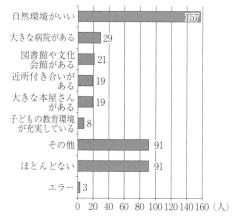

問 3-1　留萌市に住んで良かったと思うこと
　　　　（複数回答）

　留萌市に住んで良かったと思うこと（問 3-1）では，転勤族の多くが，留萌の自然環境について評価していることがわかる．しかし，一方で「ほとんどない」と回答している人数が非常に多い．

　留萌市に足りないと思うこと（問 3-2）では転勤族が留萌のさまざまな点に不満を抱えていることわかる．

　今後の留萌市の発展について（問 3-3）では，留萌港を活かした産業の振興を考えている回答者が多く見受けられた．また市街地範囲が大きくなりすぎ，公共施設・商業施設が共に分散していることを課題と捉えていることもわかる．

　「その他」の記述も非常に多く，代表的なもので，「新たなイベント起こし」「B級グルメの開発」「観光施設の整備」「大型商業施設の誘致」「雇用の

創出」など,さまざまな意見が出されていた.

問3-4では「留萌に事業所がこれからも残り続けるためには何が必要か」と,全て自由記述で回答を求めたが,半数以上から記述があった.代表的なものは「雇用の創出」「子どもの人数の維持,増加」「経済活性化」「留萌管内の町村との連携」「予算・事業の見直し」などである.ここから,逆に言えば今後「地域産業の雇用が落ち込み」「子どもの人数がさらに減少」「経済が停滞」していけば,これら出先機関の縮小・引き上げは避けられない,と見ることができる.

永住したい場所について(問3-5)は,留萌市内と答えた人が25人いるが,問1-5で現在の住まいが「自宅」と答えた人が30人おり,この2つをクロス集計すると,このうち18人が現在自宅に暮らしていて,定年後も留萌に暮らすと答えている.一方,残り7人は現在官舎や民間アパートに住んでいるが,

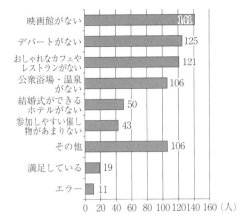

問3-2 以前住んだ町と比較して留萌市に足りないと思うこと(複数回答)

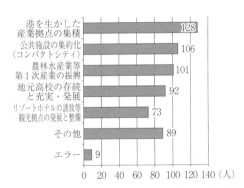

問3-3 今後の留萌市の持続的な発展に必要だと思うこと

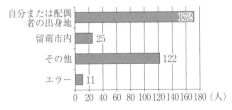

問3-5 定年後,どこに永住したいか

定年後は留萌に暮らすと答えている．その他は，「札幌」や「札幌近郊の街」が多数であり，転勤族の9割以上が最終的には留萌を離れていくことがわかる．

　以上のアンケートの単純集計の結果を踏まえ，転勤族から見た留萌市のまちづくりの課題について分析・考察していく．
　まず日常生活（問1）については，公共交通機関の利用はJR，バス共に非常に低いことがわかった．転勤族で特に独身者や単身赴任者は，職場・家・最低限の買い物の場の行き来ができればよいので，車や自転車等があれば用が足りてしまう．そのため，JRや路線バスは必要ないと思うのであろう．また，転勤族のほとんどが今後も転勤で別の場所に異動していくのであり，定年後も留萌に住み続ける人はわずかである．したがって，自ら車を運転できなくなった後（老後）のことは，考える必要がないのかもしれない．
　買い物に関しても，品揃えや数を求める場合，自家用車があれば札幌や旭川で買い物をすることができる．必要なものだけを市内で購入し，日常的な買い物は札幌や旭川等の大都市で済ませるというライフスタイルをうかがい知ることができる．
　次に，読書環境（問2）については，筆者がゼミで学生たちと行った留萌での地域研修で「三省堂書店を応援し隊」を調査したこと（2016，2017年）に起因する．2011年7月にオープンした「留萌ブックセンター by 三省堂」は，書店が1店もなくなった留萌で，市民活動の高まりによって誘致した書店を市民が応援するという形で現在も存続しており，留萌市におけるまちづくり活動の成功例として知られている．一般市民には浸透している「留萌ブックセンター by 三省堂」や読書環境について，転勤族はどう考えているのか，アンケート項目にも取り入れたのだった．
　まず，市立図書館の利用頻度については非常に低かった．この原因として，図書館の開館時間と転勤族が利用したいと思う時間とが合わないこと等が考えられる．しかし，市立留萌図書館は2009年に指定管理者制度を導入して，

NPO法人留萌市体育協会がスポーツセンター・中央公民館・文化センターと図書館を一括して管理・運営するようになってからさまざまな改革を行い，開館時間の延長や公民館内に図書館分館を設置して夜間図書貸出等を実施している．そのことをどれだけ転勤族が理解しているか，この調査からは明らかではないが，そのような情報が伝わっていないように感じる．

　一方，図書館をほとんど利用しない人の多くが「暇がない」と答えているが，「買って読む」人も多かった．では，本はどこで買っているのか．「市内の書店」とは「留萌ブックセンター by 三省堂」のことであり，転勤族にもそれなりの認知度と利用があることがわかった．しかし，「ほとんど足を運んだことのない」人も多く，本を「市外の書店」や「インターネット通販」で買っている人も多い．「その他」の記述では「札幌や旭川の方が図書館も大きく，書店の品ぞろえも良いから」という意見も見られた．ここからは，「留萌は本を読んだり買ったりする町ではない」という考え方も見えてくる．

　これらのことと先の買い物についての回答結果と重ねて考えると，転勤族にとっては留萌市全体が職場であり，家は寝食の場としてのみ存在しているように見える．つまり，転勤族にとって仕事以外の生活感覚や生活実態が希薄なのではないかということである．

　最後に，まちづくりの課題（問3）についてである．多くの転勤族が，留萌の「自然環境」について評価している．しかし，「ほとんどない」と回答している人数が非常に多いこともわかった．複数回答であることを考えると，「自然環境」のみしか評価をしていない人が多く，逆にそれ以外の点には満足していないことがわかる．一方，「留萌市に足りない」ことについては，すべての項目に多くの人々がそうだと答えており，転勤族が留萌のさまざまな点に不満を抱えていることがわかった．これらの項目だけに限らず，「その他」の記述には「娯楽施設」「スポーツ・トレーニング施設」「飲食店」「子どもの遊び場，日用品の販売店」「人への優しさ」などが挙げられている．また，「留萌市の持続的な発展に必要」とする点については，こちらで示した項目のみならず「その他」の記述も非常に多く，さまざまな意見が出され

ていた．以上のことから，転勤族は留萌のまちづくりに対して強い問題意識を持っていることがわかる．

さらに全体を通じて調査から見えてきたのは，「その他」への自由記述が非常に多かったことである．そこには，特に留萌市役所や商店街への強い批判が多く見受けられた．転勤族だからこそ，留萌を客観的に見て思うところがあるのだが，根底にあるのは，「都市」である留萌市は，転勤族から見ても「都会である」という印象が強いことである．したがって，「都会のはずなのに」と札幌や旭川と比較されるため，「都会にあるはずのものがない」という「ないものねだり」が生まれやすいのではないか．特に転勤族は，「自分が働いている間の生活さえ便利になればよい」という発想が強く，「ないものねだり」の傾向が強いように見える．

留萌市のまちづくりの課題は，まさにここにある．

「人口ビジョン」に書かれた「目指すべき将来の方向性」の3つの項目（「地域産業の強みを活かし，魅力とやりがいを感じて働くことができるまちづくり」「留萌のブランドを活かし，人との交流により，元気に過ごせるまちづくり」「留萌市で結婚し，子どもを産み育てたいと思えるようなまちづくり」）は，現在の留萌市の住民の多くを占める転勤族（および勤務する出先機関・事業所）とともに目指していかなければならないはずである．しかし，今回のアンケート調査からは，実際には転勤族の人たちからは留萌市に対する厳しい批判は聞かれたが，「魅力とやりがい」「留萌のブランド」「結婚し，子どもを産み育てたい」等の視点でまちづくりを考えているわけではない．そこには「ないものねだり」の批判が多く見られた．

しかし，今後の「持続可能な」まちづくりを考えるならば，転勤族を「お客様扱い」するのではなく，同じ地域住民の一人として，日常的なまちづくり活動への積極的な参加や地域づくり政策への主体的な関わりを求めていかなければならないと考える．

もちろんそのためには，転勤族と一般住民との間で顔の見える関係をいかに築いていくかが重要になる．このような関係性が生まれることで，転勤族

の「自分が住んでいる間さえよければ」という発想が，一般住民の「転勤族はお客様」という意識が，変化するのではないだろうか．

5. まちづくりに果たす転勤族の役割

すでに筆者は，これまでいくつかの場所で「持続可能な地域社会」について提案を行ってきた．最近では，北海道町村等監査委員協議会主催の監査委員・補助職員研修会（2017年11月14日）で「縮小社会における持続可能な地域社会の発展を考える」と題して講演した．

そこで最初に問いたかったのは，「増田ショック」がきっかけとなって国の音頭で始められた地方創生政策であるが，「それは，あなたの自治体の人たちにとって縮小社会（人口減少社会）という現実を真剣に考える機会になったのか」である．「すでに地域の中では，あきらめが蔓延しているのではないか」を問うとともに，そのための対策である地方版「総合戦略」を立てる時，「自治体として縮小社会という現実を本当に受け入れたのか」ということであった．

筆者はこれまでも，自治体の総合計画に対して，作成したが活用されない「絵に描いた餅」ではないのかを問い続けてきた．今回の「総合戦略」でも，単に国からの「地方創生推進交付金」を得るための方便であるならば，今からでも遅くないから，しっかりと地域社会とそこで暮らしている人々の実態把握を行い，地域ごとに現状把握を共有しながら，我がまちの課題の本質理解を深めて，「持続可能な地域社会」を見据えた行動ができる「総合戦略」や総合計画をつくってください，と提起してきたのである．

以下，留萌市の持続可能なまちづくりについても，基本的には筆者のこれまでの考え方を踏襲しながら考察する．

(1) 複合的な産業の創出によって新しい雇用を生み出す

はじめに，新たな雇用を生み出すための複合的な産業の創出を目指すこと

である．

　もちろん留萌市でも「総合戦略」には，「雇用の確保」や「雇用の拡充」が掲げられている．しかし，「都市」であるために，留萌振興局管内の他の町村と同じように一般的な「第1次産業の振興」や「水産加工業の振興」はもとより，「第6次産業化」でも充分な雇用は生み出せないと考える．

　したがって，振興すべき産業は，農業・漁業（第1次産業）と加工業（第2次産業），観光業や販売業（第3次産業），そしてIT産業（第4次産業）を複合的に組み合わせた産業でなければならないと考える．「雇用がない」や「雇用がミスマッチ」という声を多く聞くが，実は地域には雇用がないわけではない．第2次産業・第3次産業の零細企業が多い地域では，求人の実態が表になかなか出づらいのであり，そのような求人を発見して繋ぐ役割も重要なのである．

　留萌市のある管内全体で見ると農業・漁業（第1次産業）と観光業（第3次産業）が中心である．それらをつなぐ加工業（第2次産業），運輸業（第3次産業）の強化はもちろんであるが，さらにIT産業（第4次産業）を活用することによって，複合的な産業の創出が可能であると考える．そのためには，管内の他町村との広域連携を深めていくことが不可欠であり，担い手となる人材の発掘や育成が重要となるだろう．

(2) 今ある学校をなくさない！

　次に，第7章で述べたように，地域を持続させていくためには，出生率を上げて子どもの数を維持していかなければならないが，合計特殊出生率の目標値を掲げて，乳幼児の子育て支援策をいくら充実させても，地域社会の持続可能性は見えてこないのだ．持続可能な地域社会には，地域ごとの学校が不可欠であり，小学校，中学校の義務教育校だけでなく，特に高等学校は「都市」として自治体が持続していくうえで不可欠な存在だと考えている．

　なぜならば，繰り返しになるが地域で生まれ育った子どもは，まさに地域社会の子どもとして，地域の中で暮らし，地域の学校に通い，地域の文化や

歴史を吸収して成長していく．それが15歳まででなく18歳，ほぼ成人に達するまで，地域社会がその成長に関わることで，人間としての人格形成が地域社会を通じて行われたことになり，そこに「故郷意識」が生まれてくる．そして，大学や就職で故郷を離れたとしても，いつかは故郷へ帰りたい，故郷で暮らしたいという「故郷意識」を持ち続けてくれるのだ．そして，(1)で指摘した「担い手となる人材の発掘や育成」の出発点は，このような「故郷意識」の形成なのである．

(3)「都市」としての強みを生かす――ここに転勤族の役割がある

最後に，「都市」としての強みを生かすべきだと提起したい．「活かす」だけでなく「生かす」ことを勧めたい．留萌市は，良くも悪くも「都市」として100年以上形成されてきた．そのため，近隣の他町村とは違う都市機能（交通拠点，医療拠点，文化拠点，経済拠点，都市インフラ）が求められ，それなりの資本が投入されてきた．しかし，逆に現在ではそれらのインフラが老朽化等により維持困難となり，コンパクトなまちづくりの足かせになっているのだ．それは，「都市」の弱みともいえる．

では，「都市」の強みとは何か．1つめは，まさに「都市」には転勤族がたくさん住んでおり，彼らは他の都市での生活を経験した「よそ者」であるとともに，さまざまな知識や技術を持つ「学識経験者」でもあり，「人材」であるということだ．2つめは，老朽化等による都市機能（交通拠点，医療拠点，文化拠点，経済拠点，都市インフラ）の存在は弱みでもあるが，「都市」として存続していくためには守っていかなければならない「シビル・ミニマム」であり，自治体としてはもちろんであるが，多くの地域住民が維持していくことを強く望んでいることである．以下，「生かす」中身を整理していく．

①人材として転勤族を生かす

もちろん，今後の人口減少や政策，企業の戦略転換によって数は減らされ

ていくだろう．しかし，いきなり全部いなくなるわけではない．

転勤族は，他の自治体での生活を経験しており，地域社会を客観的に見ることもでき，さまざまな知識や技術，そして全道・全国にネットワークを持つ人材の宝庫ともいえる．この人たちが，平日の夜はもちろん，休日もたまに実家に帰ることがあっても，地域住民と積極的に交流して，まちづくり活動に主体的に関わってくれる存在となれば，まさにそのことが「都市」としての強みを生かすことに他ならないだろう．

前述のアンケート調査では，各設問の「その他」欄にたくさん批判的な意見を書いた人たちが多かった．そのことは，まさに現状ではなかなか関わることができないでいるまちづくりへの参加や関わりへの積極的な意思表示なのだと考える．したがって，たとえば北海道浦河町で行われている「地域デザインカフェ」（2013年から毎月第1木曜日19時から開催しているイベント．「地域の色々についてゆる～く話をする」をテーマに，町内のさまざまな人が「カフェマスター」として地域を元気にする話題等を提供し，そこに集まった20歳代から60歳代の町民が交流している）のような集まりが，毎月定期的に留萌市でも開かれるならば，きっと転勤族の多くも参加してくれるのではないだろうか．

また，第7章で述べたように「地域社会とそこで暮らしている人々の実態把握」のために，筆者は「地元学」や「T型集落点検」等の手法を使った地域住民自身によるワークショップの実行を提案してきた．その際，地元住民である「土の人」とよそ者である「風の人」が協働して取り組むことが重要であるが，転勤族の人たちはまさに「風の人」として参加すべきである．そして，転勤族の中にはファシリテーターとしての技術や力量を持つ人もいると考えられるので，より積極的な参画が望まれる．

②都市機能を生かす

医療拠点として大きな病院があることを，留萌市も都市機能として守り発展させていこうと考えている．また，高等学校の存在も，「都市」としての

「シビル・ミニマム」である．そのあたりの議論や確認が，「総合戦略」の中では希薄に見える．

　アンケート調査で取り上げた「留萌ブックセンター by 三省堂」は，留萌に書店が1店もなくなり翌年度の参考書を三省堂が臨時販売した期間の2011年4月11日に，市民の中から「三省堂書店を留萌に呼び隊」が結成され，三省堂会員カードの申込書を署名として市民から広く集め，わずか1か月余りで2,500人分の申込書を署名として提出することで誘致できたのである．市民たちは開店後「三省堂書店を応援し隊」を結成し，本の紐かけや書店でのボランティア，書店内での「読み聞かせ会」や「大人の朗読会」の開催，そして病院等での出張販売等を行い，書店がなくならないように支えている．

　また，アンケート調査結果では，「映画館がない」という批判も多かったが，浦河町では2008年に「大黒座サポーターズクラブ」ができ，町民の手で唯一の映画館を守る活動が続けられ，現在も映画館が町に存在している．

　このように，「都市」としての形成史があったからこそ，都市機能としての文化拠点，経済拠点として書店や映画館がつくられてきた歴史があるのであり，一般住民と転勤族の人たちが共に活動していけば，このような都市機能の維持や復活も不可能ではないと考える．

　一方，JR・バスについては，転勤族の利用も理解も低く，今後高速道路・高速バス，そして市内公共交通との関係で交通拠点としての都市機能をどう再構築していくかは，JRの廃止問題も含めて喫緊の課題である．実は，筆者が2015年に在外研修で6か月間暮らした韓国・大田広域市には，「大田複合ターミナル」という高速バスと市外バスのターミナルがある．5階建ての西館と4階建ての東館の中には，1階に乗車場と降車場があり，フードモールもある．2階にショッピングモールがあり，3階以上は巨大なスーパー(E-Mart)や書店，映画館等が入っている．したがって，この「複合ターミナル」は交通拠点のみならず，文化拠点や経済拠点としてもまさに複合的に機能しているのである．1つの提案として，JR廃止後の留萌駅および周辺

に，このような「複合ターミナル」の設置を計画してみてはどうであろうか．もちろん，先に提起した「複合的産業」も「複合ターミナル」があればこそ，創出されやすいと考える．

　いずれにせよ，「都市」としての弱みを嘆くのではなく，留萌市の持続可能な地域発展は，このように「都市」の強みを再確認し，転勤族を含む地域住民みんなで生かすことによって，探っていくべきであろう．

6．おわりに

　このように留萌市での転勤族へのアンケート調査結果をもとに分析していくと，「転勤族は，地域づくりの主体になれるか」という本章での問いへの答えは，転勤族自身が主体として振る舞うことではなく，その地域社会に住み続ける，住み続けていきたい＝定住（長期的固定）する地域住民が，「地域づくりの主体」として，「新しい公共」の担い手として，転勤族をどうまちづくり活動に巻き込んでいくか，巻き込んでいけるかが課題なのだということがわかる．もちろん，転勤族の中にもその地域社会が気に入り，定年後の定住を望む人たちもいるだろう．

　したがって，定住する地域住民自身が「都市機能を生かす」という視点をいかに持つことができるかが鍵となるのである．

　　※本章は拙稿「『消滅可能性都市』の持続可能性に関する一考察〜留萌市・浦河町を事例に〜」（北海学園大学開発研究所『開発論集』第101号，2017.12）を主題に即して再構成したものである．

参考文献
玉野和志「地域に生きる集団とネットワーク」（森岡清志編『地域の社会学』有斐閣アルマ，2008）
増田廣也編『地方消滅：このままだと896の自治体が消える』（中公新書，2014）
『平成28年度　留萌市統計書』（留萌市）

留萌市『人口ビジョン』(留萌市，2015.10.5 策定)
留萌市『総合戦略』(留萌市，2015.10.28 策定)

終章

参加による自治と創造の地域社会

1. 本著のまとめ

　本著では，「第1部　地域社会の構造」として，近代化・都市化による地域社会の変容，およびその後のグローバリゼーション化等にともなう社会変動，それらによって，地域社会の構造はどのように変化し，どのような状態になっているのかを明らかにした．

　「第1章　地域社会とは何か」では，これまでの社会学における地域社会研究の成果に学びつつ，筆者なりの新たな地域社会の概念整理を試みた．そこで重要なのは，「基礎的地域空間・地域社会」である近隣社会と「制度的地域空間・地域社会」である基礎自治体（市町村）をつなぐ，「私の地域空間・地域社会」の豊富化・活性化であった．

　「第2章　地域社会の変貌」では，原型としての地域社会である近世に成立した村落共同体（「ムラ」）が，近代化・都市化の中で如何に変貌を遂げてきたのか，さらに現代におけるグローバリゼーション化等にともなう社会変動はどのようなものだったのかを年次的に整理した．

　「第3章　地域社会の制度と組織」では，そのように変貌してきた現代の地域社会に国や自治体がどのように関与し，地域社会はどのような制度のもとで成り立っているのか．また，人と地域との関わりの中で地域社会に存在する組織にはどのような組織があるのか．人と組織，制度をつなぐ基礎自治体への期待についても論じた．

「第4章　地域社会と社会調査」では，地域社会の構造を知るためのツールとして既存のデータ（自治体史や統計資料等）を紹介するとともに，地域調査の実際としての社会調査法の基礎や地域調査学習の方法を紹介した．

「第5章　なぜ，地域が大切なのか」では，現代における地域社会の重要性を3点（①地域における「安心・安全」——防災・防犯のまちづくり，②地域における高齢者の「生涯現役」——高齢者自身が担い手に，③「地方消滅」と持続可能性——人口減少を前提としたまちづくりへ）から整理した．

最後に「補章1　戦後の地域の変貌：北海道羽幌町の公民館史から」では，戦後直後，北海道で最も早い時期に公民館活動が始まった羽幌町の公民館史をたどりながら，その地域社会の急激な変貌による変化を分館体制の盛衰を通して明らかにした．

そして，「第2部　地域社会と政策」として，近年の阪神淡路大震災および東日本大震災によって地域社会の重要性が見直されてきたが，地域社会の課題を克服していくための政策はどのような政策であり，国・自治体・地域からどのように進められているのかを明らかにした．

「第6章　地域社会と子育て支援」では，地域社会の変貌とともに変化した子育て環境の実態を明らかにするとともに，それらを克服していくために取り組まれている子育て支援政策について紹介した．さらに，民間での地域子育てネットワークの発展について整理した．

「第7章　地域社会と学校」では，近代化の中で誕生した近代公教育制度とその変遷を整理するとともに，学校と地域社会との関係を整理した．

「第8章　地域社会と超高齢社会」では，「限界集落」「買物難民」等，高度経済成長以降の高齢化から超高齢社会がもたらす問題点と政策を整理するとともに，高齢者自身が担い手となる地域福祉活動のコミュニティビジネスとして可能性を提起した．

「第9章　地域社会と多文化共生」では，エスニック・コミュニティが増加していく問題点を整理するとともに，多文化共生政策による地域社会の可能性を提起した．

「第10章　地域社会とまちづくり」では，自営業者・商店街と地域社会，地域社会としての市町村（基礎自治体）について，その実態と具体的なまちづくり政策について整理した．

最後に「補章2　地域社会と公民館：北海道士別市を事例に」では，士別市の戦後直後からの旧町村毎の公民館史をたどりながら，「昭和の大合併」後の公民館政策，そして「平成の合併」後の公民館政策をつらぬく「地域活動の拠点」としての公民館のあり方を提起した．

さらに，「第3部　地域を創る主体」として，その政策を実行して地域を創っていく主体はどんな人たちであるかを明らかにした．

「第11章　女性が変わると地域が変わる」では，近代化の中で専業主婦となっていった女性たちが，その後どうして地域社会の担い手になっていったのかを明らかにするとともに，女性が変わると地域が変わる事例を紹介した．

「第12章『新しい公共』の担い手たち」では，阪神淡路大震災でのボランティアとNPOの登場とその後の発展について整理するとともに，「新しい公共」の担い手たちとはだれか，その担い手がどのように地域社会を創っていくのかについて論じた．

最後に「補章3　転勤族は地域を創る主体になれるか」では，北海道留萌市での転勤族へのアンケート調査結果をもとに，「都市」としての強みを生かして，転勤族の特性を活用したまちづくりのあり方を提起した．

2.「参加による自治と創造」のすすめ

本著を通じて，筆者が伝えたいことの第1は，地域社会はそこに暮らしている地域住民自身が創り出していかなければならない＝地域を創る主体は地域住民である，ということである．

当たり前といえば，当たり前である．しかし，現代社会は地域住民といっても，実にさまざまな人々（主体）を地域住民と呼んでいるのであり，そこに当たり前が当たり前でなくなった原因がある．第3章で明らかにしたよう

に，地域住民＝地域社会に住んでいる人々には，定住（長期的固定）している人々だけでなく，流動（短期的移動）していてたまたまそこの地域空間・地域社会に住んでいる人も多い．まさに補章3で取り上げた転勤族である．土地・空間との関わりでは，所有（比較的長期）している人々もいるが，利用（一時的）も多いのが都市部である．また，法人という名の地域住民もいる．したがって，そこには地域を創る主体として振る舞うことが難しい人々も多く存在する．第3章の階層が高い人々や第9章のエスニック集団（いわゆる外国人たち）も，それにあたる．

では，どうしたら地域住民が地域を創る主体になれるのか．

筆者が伝えたい第2は，地域社会はそこに暮らしている地域住民自身が，地域住民たちみんなで創り出していかなければならない＝住民自治ということである．それは単に選挙の時に1票投票すればいい，ということではない．住民自治には，まず一人ひとりの「参加」が必要である．そして「参加」についても，第10章で整理したように「参集―参与―参画」の「参加の3段階理論」を踏まえた取り組みが意図的に行われていかなければ，身についていくものではなく，住民自治は実現できない．したがって，転勤族やエスニック集団を含めて，地域住民一人ひとりの「参加」をいかに保障していけるのかが鍵になるだろう．

筆者が伝えたい第3は，最終的に「制度的地域空間・地域社会」としての基礎自治体（市町村）を，地域住民が住民自治の力で創っていくということである．基礎自治体は団体自治の要であり，地方政府として国や広域自治体，他の基礎自治体，そして外来型の民間企業等との対抗の砦である．したがって，そのような住民自治の力は，「新しい公共」の担い手を生み出し，「地域を創る主体」となり，「現代的地域共同体」を創っていくのである．

そのことは，「参加による自治と創造」によって実現しうるのだ．

そして，このような「参加による自治と創造」の原則は，戦後直後に誕生した公民館での実践が全国的に蓄積されていく中で確認されてきた原理・原則であった（島田修一）．

具体的には，筆者が考える公民館の「参加による自治と創造」の原則は，以下のとおりである．

①参加と自治の原則

まずは，公民館・公民館活動の主人公は，地域住民であり，学習者自身であるということである．そのため，多くの地区公民館では，公民館長は地域住民の中から選出され，地域住民自身が運営審議会の委員となり，各専門部（文化部，体育部，広報部等）の部員となり，公民館の運営や事業の企画実施にあたっている．2000年の社会教育法改正前までは，運営審議会は必置であり，公民館長の選任にあたっては運営審議会の意見を聞かなければならなかった．また，公民館を利用する団体・利用者による組織（利用団体協議会等）がつくられ，定期的に公民館長へ意見を述べたり，運営審議会委員を選出したりしている．また個別の学級・講座等事業実施にあたっては，企画委員が公募され企画委員会・準備委員会がつくられている．

②職員による学習支援の原則

公民館には，職員（公民館主事）がおり，職員の役割は「指導」ではなく，共に育つ学習支援・学習者支援である．教育機関である公民館には社会教育法で「事業の実施にあたる」とされ職員がいるが，それは単に「館長の命を受け」て職員だけで行うことではなく，公民館活動の主人公である地域住民と共に協働して行うことである．そして長期的な展望を持って，学習者とともに悩んだり考えたり学びあったりしながら行なっていく学習支援が中心である．したがって，職員には「絶えざる力量形成」が求められる．ちなみに，北海学園大学の社会教育主事課程は，そのような自治体職員として公民館職員となりうる人材（「自治体社会教育」の担い手）を養成している．筆者は，そこで身に着ける力量として，①地域・地域社会のことをよく知っている――フィールドワーク力，②地域に暮らす人々との日常的なコミュニケーション能力――特に聴き取る能力，③社会教育，特に成人教育に関わる専門性，を掲げている．

③協働による地域創造の原則

それは，まさに地域に根ざし，地域を創る公民館を地域住民が職員と協働で創っていくことであり，ここに公民館の存在意義（ミッション）があるのだ．

3. もっと深く学びたい人のために

最後に，本著で学び地域社会について興味・関心を深めた皆さんへ，以下のような学びの日常化を提案したい．

1つは，地域づくり・まちづくりに関わる新聞記事のスクラップブックづくりである．

2つめは，同じく新聞記事のスクラップブックづくりであるが，特定の基礎自治体（市町村）の記事に特化した新聞記事のスクラップブックづくりである．

筆者は，「地域社会論Ⅰ」の講義では，毎回その日の朝刊のまちづくりに関わる記事を紹介しており，そのことは地域・地域社会への学生たちの関心を喚起してきたと思う．もちろん，新聞に毎日目を通すことだけでもよい．地域や地域社会の現状をリアルタイムで知る機会をぜひ維持してほしいと思う．

そして，3つめは地域づくり・まちづくりに関わる文献をたくさん読んでほしいということである．

具体的な文献としては，本著の各章で取り上げた参考文献はもちろんであるが，最近の文献（購入しやすい新書に限定）として以下を紹介したい．

湯浅誠　他『子どもが増えた』（光文社新書，2019）
諸富徹『人口減少時代の都市』（中公新書，2018）
田村秀『地方都市の持続可能性』（ちくま新書，2018）
山出保『まちづくり都市金沢』（岩波新書，2018）
山下祐介『「都市の正義」が地方を壊す』（PHP新書，2018）

河合雅司『未来の年表』（講談社現代新書，2017）

大月敏雄『町を住みこなす』（岩波新書，2017）

増田寛也・冨山和彦『地方消滅　創生戦略篇』（中公新書，2016）

山崎亮『縮充する日本』（PHP新書，2016）

山浦晴男『地域再生入門』（ちくま新書，2015）

山崎亮『ふるさとを元気にする仕事』（ちくまプリマー新書，2015）

山下祐介・金井利之『地方創生の正体』（ちくま新書，2015）

小田切徳美『農山村は消滅しない』（岩波新書，2014）

山下祐介『地方消滅の罠』（ちくま新書，2014）

山下祐介『限界集落の真実』（ちくま新書，2012）

山崎亮『コミュニティデザインの時代』（中公新書，2012）

参考文献
島田修一『社会教育の再定位をめざして』（国土社，2013）
島田修一・辻浩編『自治体の自立と社会教育：住民と職員の学びが拓くもの』（ミネルヴァ書房，2008）
島田修一編『社会教育：自治と協同的創造の教育学』（国土社，2007）
島田修一編『知を拓く学びを創る：新社会教育入門』（つなん出版，2006）
内田和浩『「自治体社会教育」の創造　増補改訂版』（北樹出版，2011）

あとがき

　本著は，筆者にとって増補改訂版を含め3冊目の単著である．地域社会学の世界では「遅れてきた新人」である筆者を，北海学園大学経済学部の一員として，本シリーズの一冊に加えていただいたことを感謝したい．特に小田清志名誉教授および経済学部の同僚教員の皆さん，そして編集でお世話になった日本経済評論社の清達二氏・梶原千恵氏には心より御礼を申し上げる．

　筆者が北海学園大学に勤務してから，すでに11年の歳月が流れた．前任校の北海道教育大学（旭川キャンパスに設置された全学センターである生涯学習教育研究センター）には7年6か月，前々任校の北星学園女子短期大学には5年6か月勤務したので，すでに大学教員として24年もの歳月が流れたことになる．

　筆者が担当する地域社会論Ⅰの講義は，主に経済学部1部2部の1年生が受講する入門科目であり，2年生に進級する際に経済学科か地域経済学科かへの配属が決まる現在の入試制度がスタートしてから入学した学生にとって，必修ではないが必修科目のような位置づけになっている．したがって，多くの学生が地域や地域社会に対して興味を持たないまま履修しており，1部は特に400人もの履修者が大教室で講義を受けている．筆者にとっても学生にとっても，なかなか大変な授業環境である．講義では，少しでも学生たちに興味を持ってもらおうと，毎年あれやこれやと工夫しながら進めてきた．たとえば，1年目から取り組んだのは「○×カード」による双方向授業である．最初の講義時にA4用紙に大きく○と×を印刷した紙を配り，それを半分に折って表裏の「○×カード」とした．そして，授業中学生たち全員に質問を何度か出し，○か×を挙げてもらっている．寝ていた学生も，その時は起きて参加してくれる．また，ここ数年は毎週その日の朝刊から北海道内の市町

村に関わる記事を選び，授業開始時に紹介している．北海道内のことではあるが，多くの学生が初めて知ったことばかりで，市町村の名前すら初めて聞いた場合が多い．もちろん，出身地であったり，行ったことがある市町村が取り上げられると，興味を示す学生も多い．今後は，本著をテキストにして授業を進めていくが，もうひとひねり工夫して学生たちの興味・関心を高めていきたいと思う．

最後に，本著を2019年3月26日に88歳の誕生日を迎えた父・定雄に捧げたい．父は，2年前に雪道で転倒し，外傷性脳梗塞・くも膜下出血を患い入院したが，治療とリハビリによって回復した．今も足は少し不自由であるが実家で元気に暮らしている．そんな父の楽しみは温泉であり，筆者が実家に帰り介護しながら近くの温泉に行くことを本当に楽しみにしている．序章で書いたように，父が電力会社に勤務し小学生時代に苫小牧市での社宅暮らしを経験できたことが，私と「地域」「地域社会」との出会いであり，まさに本著の原点であった．父には，これからもずっと元気で見守っていてほしいと願っている．

2019年3月末日

北海学園大学での12年目，そして大学教員としての25年目の春に

内 田 和 浩

索引

[欧文]

C. S. フィッシャー　107
DIG 図上訓練　53
G. A. ヒラリー　13
NPO　155-6, 159, 187
NPO 法人　54, 102-3, 156-8, 175
R. E. パーク　13
R. M. マッキーバー　12-3
T 型集落点検　96, 180
U ターン　165

[あ行]

アソシエーション　33
新しい公共　153-4, 157, 159, 187-8
網野武博　80, 83
安心・安全　51, 53, 157, 186
家規範　82, 98
育児の空洞化　83
いじめ　92
1.57 ショック　26, 81-2, 107
井戸端会議　5
インフォーマルな集団　33
エスニック・コミュニティ　105, 107-10, 112, 186
エスニック集団　105, 108-9, 188
エンゼルプラン　26, 84
オイルショック　12, 24, 101
大野晃　55, 100
奥田道大　14
オールドタイマー　106, 108-10

[か行]

介護保険　26, 55, 102
改正入管難民法　105
階層　35-6, 92, 108, 161

下位文化理論　107
買物難民　54, 56, 75, 99-101, 103, 158, 186
核家族　5, 80, 97-8
核家族化　5, 24, 80, 148-9
家族規範　98
学級崩壊　92
学校運営協議会制度　93
学校教育法　23, 91, 93
学校選択制　92-4
学校評議員制度　93-4
学社融合　93
学社連携　93
学習指導要領　91-2
過疎・過密問題　12, 24
神奈川県相模原市　116-7, 150
家父長制　5, 11
関与　29-31, 185
機関委任事務　26, 36, 121
基礎自治体　1, 15-9, 30-1, 33, 36-7, 75, 84, 91, 115, 118, 120, 123, 154, 159, 185, 188
基礎的地域空間・地域社会　18-9, 33, 157
技能実習制度　26-7, 107
教育委員会　91, 93, 130-1, 133-4, 141
教育基本法　23, 91
教育勅語　90
行政サービス　5, 15, 83, 155
行政村　11-2, 22, 118
共同　4, 11-3, 15, 18-9, 21, 30, 79, 96, 115, 154
協同　11, 154
協働　7, 48-9, 86, 96, 108, 119-20, 122, 150, 159, 180, 189-90
協同的　35, 37, 158-9
近代公教育制度　22, 89-90, 186
近隣社会　17-9, 32-3, 89, 157-8, 185
近隣ネットワーク　98
空間　2-4, 13, 15, 17, 29-32, 35

熊本地震　6, 27, 51
群馬県大泉町　110, 113
経済的自立　150-151
結婚規範　81
限界集落　55, 59, 75, 99-101, 103, 186
現代的地域共同体　57, 75, 100, 158-9
後期高齢者保険制度　27, 102
公共的　35, 155, 159
合計特殊出生率　25, 81-3, 95, 164-6, 178
工場法　89
高度経済成長　12, 24-5, 79-80, 91, 101, 154, 162, 186
校内暴力　92
公民館　52, 59-75, 84, 92, 95, 126-43, 150, 155, 175, 186-90
高齢化　25, 53, 83, 97, 99, 186
高齢化社会　53, 97
高齢社会　53, 97
国際婦人の10年　149
国民生活審議会調査部会　14, 24, 101, 154
子育てサークル　84-6
子育て支援　6, 26, 55, 79, 83-7, 147, 178, 186
子育てネットワーク　84, 86, 186
小浜ふみ子　116
コミュニティ　12-5, 24, 80, 100-1, 109, 113, 154-9
コミュニティ行政　118, 154-5
コミュニティ・スクール　93-4
コミュニティビジネス　55, 103, 186
ゴールドプラン　26, 101
コンパクトシティ　27, 56, 121

［さ行］

在宅福祉サービス　101-2
在日韓国・朝鮮人　106
参加の3段階理論　119, 188
産業革命　89-90, 149
山村留学　94
自営業者　115-8, 121, 153, 158, 187
自然村　11-3, 22, 118
持続可能　27, 51, 56, 60, 75, 95, 117, 159, 177-8, 182, 186
自治基本条例　37, 122, 126

自治体史　39, 186
市町村　15, 26, 30-1, 36, 54, 93, 101-2, 118-9, 121-3, 185, 187-8
質的調査　46-7
子弟教育　89
シビル・ミニマム　179, 181
島崎稔　48
島田修一　188
社会教育　59, 63, 128, 130, 134, 142, 150, 155, 166, 189
社会調査　46-8, 186
社会的意識上のダブルスタンダード　148-9
社会福祉協議会　102
集団　32-7, 105, 107-8, 147
集団就職　12, 80
住民自治　7, 31, 37, 59, 118-9, 188
縮小社会　59, 75, 177
主体　147-9, 153, 159, 161, 182, 187
受験戦争　92
生涯学習体系への移行　92-3
生涯現役　6, 51, 53-4, 103, 186
初期公民館　62
殖産興業　22, 90
少子化　6, 82, 84, 93
少子・高齢化　75, 82-3, 93, 107, 125, 149
商店街　115-7, 120-1, 176, 187
消費者　117, 147
消滅可能性都市　27, 55, 100, 162
昭和の大合併　62, 125, 135
地元学　48-9, 96, 180
所有　21, 29-32, 54
人口ビジョン　163-6
新全国総合開発計画（新全総）　24
杉田聡　56, 100
鈴木栄太郎　11, 13, 118
制度　29, 32-3, 35-7, 91, 107, 122, 185
制度的地域空間・地域社会　18-9, 37, 158-9, 185, 188
専業主婦　80, 148-9, 151
全国総合開発計画（全総）　12, 24
全日制住民　117, 147, 161
専門処理システム　6, 15
総合計画　44-5, 48, 165, 177

索引　197

総合戦略　163-6, 177-8
相互扶助　83, 101, 156
組織　13, 52, 84-6, 126, 135, 156, 185, 189
村落共同体　11, 21-3, 25, 30, 56, 79-80, 89, 99, 149, 185

[た行]

第1地域空間・地域社会　16
第3地域空間・地域社会　16
第三次全国総合開発計画（三全総）　25
大店法　26, 120-1
第2地域空間・地域社会　16
大日本帝国憲法　22, 90
第4地域空間・地域社会　16
第四次全国総合開発計画（四全総）　25
脱ゆとり教育　92
多文化共生　26-7, 105-6, 110-3, 147, 186
田村明　115
団塊ジュニア　24
団塊の世代　23
単相的育児　80
地域活動の拠点　142, 187
地域調査　46-8, 186
地域調査学習　48, 186
地域ブランド　116
地区館―分館体制　126, 136, 140
地方自治の本旨　15, 118-20
地方自治法　15, 23, 118
地方消滅　51, 55, 186
地方創生　55, 122, 163-4, 177
地方分権一括法　26, 36, 121
超高齢社会　6, 54, 56, 97, 100, 147, 152, 157, 159, 186
町内会・自治会　16-9, 33, 52-3, 102-3, 156-8
徴兵制　22, 90
鄭暎惠　148, 150-1
通学合宿　94-5
定時制住民　161
定住　25, 32, 126, 182, 188
寺中構想　61, 134
転勤族　32, 161, 164-70, 172, 174-7, 179-82, 187
統計資料　42, 186

特定非営利活動促進法（NPO法）　26, 102, 156
図書館　56, 136-7, 170, 174-5
独居老人　102

[な行]

二階堂裕子　105, 107-8
日本型福祉　26, 98
日本型福祉社会　24, 101
日本国憲法　23, 90, 118
ニューカマー　106-7, 110
入管難民法（出入国管理及び難民認定法）　25, 110
ネットワーク　32, 35-6, 84-7, 102, 150, 157-8
農業の近代化　24, 154

[は行]

走る公民館　62-3, 65, 69-70, 72-4, 136
パートナーシップ　119
バブル　25, 27
バブル経済　107, 155
林義樹　119
阪神淡路大震災　6, 26, 51, 155, 186-7
東日本大震災　5, 27, 51-2, 186
一人世帯　5, 97-9, 102
フィールドワーク　47, 189
フォーマルな集団　33
夫婦家族　98
夫婦性別役割分業　80, 148-9
夫婦のみの世帯　5, 97-9
福祉元年　24, 101
複相的育児　80
富国強兵　22, 90
婦人学級　150
故郷意識　96, 179
平成の大合併　26, 125, 139-40
防災まちづくり　51-3, 157-8, 186
防犯まちづくり　51, 53, 157-8, 186
ホスト社会　108-9
北海道
　朝日町　125, 138-41
　浦河町　180-1
　温根別村　125, 132-5

上士別村　125, 131-2, 135
士別市　125-6, 129, 134-42
士別町　125, 127-9, 135
多寄村　125, 129-31, 135
ニセコ町　37, 122-3
羽幌町　60-75
留萌市　44-5, 161-7, 172-80, 182, 187
北海道胆振東部地震　6, 27, 51
ボランティア元年　26, 102, 155-6

[ま行]

増田ショック　27, 55, 177
増田寛也　55
まちづくり　1, 37, 45, 48, 56, 60, 87, 112-3, 115, 117-123, 126, 147, 150, 153, 164-5, 172, 174-7, 179-80, 182, 187, 190
まちづくり3法　26-7, 56, 120-1
松原治郎　14
未婚化・晩婚化　81
民主主義の学校　31
民族大移動　24, 154
無償労働　149
ムラ　11-2, 21-2, 90, 99, 118, 185
森岡清志　15-9, 93, 154

問題処理システム　16, 19, 33, 35, 37, 154, 159

[や行]

結城登美雄　48
有償ボランティア　102
ゆとり教育　92-4
吉本哲郎　48-9
世論調査　5, 46, 148

[ら行]

ライフスタイル　82-3, 98, 174
ライフライン　5-6, 51-2
流動　32, 188
量的調査　46-7
利用　29-31, 48, 70-1, 137, 139, 141, 168-71, 174-5, 181, 188-9

[わ行]

ワーカーズ・コレクティブ　151
ワークショップ　48, 96, 180
私たちの地域空間・地域社会　19, 35, 37, 159
私の地域空間・地域社会　19, 35, 37, 158-9, 185

著者紹介
内田和浩（うちだ かずひろ）

北海学園大学経済学部教授．1960年北海道室蘭市生まれ．小学校から高校まで苫小牧市で育つ．中央大学文学部（社会学専攻）卒業．神奈川県相模原市教育委員会社会教育主事として市立橋本，麻溝公民館に勤務．北海道大学大学院教育学研究科博士後期課程単位取得退学．博士（教育学）．北星学園女子短期大学助教授，北海道教育大学教授等を経て，2008年より現職．

主著（＊は分担執筆）：
『「自治体社会教育」の創造 増補改訂版』（北樹出版）2011年
『社会教育職員養成と研修の新たな展望』（東洋館出版社）2018年＊
『地域を支える人々の学習支援』（東洋館出版社）2015年＊
『公民館のデザイン』（エイデル研究所）2010年＊
『学びあうコミュニティを培う』（東洋館出版社）2009年＊
『社会教育：自治と協同的創造の教育学』（国土社）2006年＊

参加による自治と創造
――新・地域社会論――　　　シリーズ 社会・経済を学ぶ

2019年6月25日　第1刷発行
2023年1月30日　第2刷発行

定価（本体2800円＋税）

著　者　内田和浩
発行者　柿﨑　均
発行所　株式会社 日本経済評論社
〒101-0062　東京都千代田区神田駿河台1-7-7
電話 03-5577-7286　FAX 03-5577-2803
E-mail: info8188@nikkeihyo.co.jp
振替 00130-3-157198

装丁＊渡辺美知子　　　太平印刷社／根本製本

落丁本・乱丁本はお取替えいたします　　Printed in Japan
© Uchida Kazuhiro 2019
ISBN 978-4-8188-2530-7

・本書の複製権・翻訳権・上映権・譲渡権・公衆送信権（送信可能化権を含む）は，（株）日本経済評論社が著者からの委託を受け管理しています．

・JCOPY 〈（一社）出版者著作権管理機構 委託出版物〉
本書の無断複製は著作権法上での例外を除き禁じられています．複製される場合は，そのつど事前に，（一社）出版者著作権管理機構（電話 03-5244-5088，FAX 03-5244-5089，e-mail: info@jcopy.or.jp）の許諾を得てください．

シリーズ社会・経済を学ぶ

木村和範　格差は「見かけ上」か　所得分布の統計解析
所得格差の拡大は「見かけ上」か．本書では，全国消費実態調査結果（ミクロデータ）を利用して，所得格差の統計的計測にかんする方法論の具体化を試みる．　**本体3000円**

古林英一　増訂版 現代社会は持続可能か　基本からの環境経済学
環境問題の解決なくして人類の将来はない．環境問題の歴史と環境経済学の理論を概説し，実施されている政策と現状を環境問題の諸領域別に幅広く解説する．　**本体3000円**

小坂直人　経済学にとって公共性とはなにか　公益事業とインフラの経済学
インフラの本質は公共性にある．公益事業と公共性の接点を探りつつ，福島原発事故をきっかけに浮上する電力システムにおける公共空間の解明を通じて，公共性を考える．　**本体3000円**

小田　清　地域問題をどう解決するのか　地域開発政策概論
地域の均衡ある発展を目標に策定された国土総合開発計画．だが現実は地域間格差は拡大する一方である．格差是正は不可能か．地域問題の本質と是正のあり方を明らかにする．　**本体3000円**

佐藤　信　明日の協同を担うのは誰か　非営利・協同組織と地域経済
多様に存在する非営利・協同組織の担い手に焦点をあて，資本制経済の発展と地域経済の変貌に伴う「協同の担い手」の性格変化を明らかにし，展望を示す．　**本体3000円**

野崎久和　通貨・貿易の問題を考える　現代国際経済体制入門
ユーロ危機，リーマン・ショック，TPP，WTOドーハラウンド等々，現代の通貨・貿易に関する諸問題を，国際通貨貿易体制の変遷を踏まえながら考える．　**本体3000円**

徐　　涛　中国の資本主義をどうみるのか　国有・私有・外資企業の実証分析
所有制と産業分野の視点から中国企業の成長史を整理し，マクロ統計資料と延べ約1千万社の企業個票データをもちいて，国有・私有・外資企業の「攻防」を考察する．　**本体3000円**

越後　修　企業はなぜ海外へ出てゆくのか　多国籍企業論への階梯
多国籍企業論を本格的に学ぶ際に，求められる知識とはどのようなものか．それらを既に習得していることを前提としている多くの類書を補完するのが，本書の役割である．　**本体3400円**

笠嶋修次　貿易利益を得るのは誰か　国際貿易論入門
貿易と投資の自由化は勝者と敗者を生み出す．最新の理論を含む貿易と直接投資の基礎理論により，自由貿易の産業部門・企業間および生産要素間で異なる経済効果を解説する．　**本体3000円**

市川大祐　歴史はくり返すか　近代日本経済史入門
欧米技術の導入・消化とともに，国際競争やデフレなど様々な困難に直面しつつ成長をとげた幕末以降から戦前期までの日本の歴史について，光と陰の両面から考える．　**本体3000円**

板垣　暁　日本経済はどのように歩んできたか　現代日本経済史入門
戦後の日本経済はどのように変化し，それにより日本社会はどう変化したのか．その成長要因・衰退要因に着目しながら振り返る．　**本体3000円**

水野邦彦　韓国の社会はいかに形成されたか　韓国社会経済論断章
数十年にわたる国家主義統合と経済成長，その陰での民族抑圧構造，覆い隠されてきた「過去事」とその清算運動，米国・日本の関与とグローバル化のなかで，韓国社会を把握．　**本体3000円**

内田和浩　自治と教育の地域づくり　新・地域社会論Ⅱ
地域住民の主体形成のために重要な「地域づくり教育」とは何か．北海道内の先進自治体の事例と住民リーダーの役割を紹介・分析する，新しい地域社会論のテキスト．　**本体3000円**